投資信託・投資法人関連法制に関する問題意識について
（平成 31 年 1 月 29 日開催）

報告者 松 尾 直 彦
（東京大学大学院法学政治学研究科客員教授・弁護士）

目　次

Ⅰ．投資信託・投資法人関連法制に関する問題意識…………………… 1
Ⅱ．証取法・金商法の主要規制の考え方………………………………… 2
Ⅲ．投資信託・投資法人関連法制の沿革………………………………… 4
Ⅳ．投資信託・投資法人に関する金商法・投信法の調整………………10
Ⅴ．外国投資信託・外国投資法人届出制度………………………………12

討　　議……………………………………………………………………18
報告者レジュメ……………………………………………………………35

金融商品取引法研究会出席者(平成31年1月29日)

報 告 者	松 尾 直 彦	東京大学大学院法学政治学研究科客員教授・弁護士
会 長	神 作 裕 之	東京大学大学院法学政治学研究科教授
会長代理	弥 永 真 生	筑波大学ビジネスサイエンス系 ビジネス科学研究科教授
委 員	飯 田 秀 総	東京大学大学院法学政治学研究科准教授
〃	大 崎 貞 和	野村総合研究所未来創発センターフェロー
〃	尾 崎 悠 一	首都大学東京大学院法学政治学研究科 法学政治学専攻准教授
〃	加 藤 貴 仁	東京大学大学院法学政治学研究科教授
〃	河 村 賢 治	立教大学大学院法務研究科教授
〃	後 藤 　 元	東京大学大学院法学政治学研究科准教授
〃	武 井 一 浩	西村あさひ法律事務所パートナー弁護士
〃	中 東 正 文	名古屋大学大学院法学研究科教授
〃	藤 田 友 敬	東京大学大学院法学政治学研究科教授
〃	松 井 秀 征	立教大学法学部教授
〃	松 尾 健 一	大阪大学大学院高等司法研究科准教授
〃	宮 下 　 央	ＴＭＩ総合法律事務所弁護士
オブザーバー	小 森 卓 郎	金融庁企画市場局市場課長
〃	岸 田 吉 史	野村ホールディングスグループ法務部長
〃	森 　 忠 之	大和証券グループ本社経営企画部担当部長兼法務課長
〃	鎌 塚 正 人	ＳＭＢＣ日興証券法務部長
〃	陶 山 健 二	みずほ証券法務部長
〃	本 井 孝 洋	三菱ＵＦＪモルガン・スタンレー証券法務部長
〃	島 村 昌 征	日本証券業協会執行役政策本部共同本部長
〃	塚 﨑 由 寛	日本取引所グループ総務部法務グループ課長
研 究 所	増 井 喜一郎	日本証券経済研究所理事長
〃	大 前 　 忠	日本証券経済研究所常務理事
〃	土 井 俊 範	日本証券経済研究所エグゼクティブ・フェロー
	岩 崎 俊 博	投資信託協会会長

(敬称略)

投資信託・投資法人関連法制に関する問題意識について

神作会長 定刻になりましたので、ただいまから第7回金融商品取引法研究会を始めさせていただきます。

本日は、既にご案内させていただいておりますとおり、松尾直彦先生より、「投資信託・投資法人関連法制に関する問題意識について」というテーマでご報告いただきます。

なお、本日は、投資信託関連法制がテーマとなっておりますので、投資信託協会の岩崎会長にご出席いただいております。岩崎会長、お忙しいところ、大変ありがとうございます。どうぞよろしくお願いいたします。

それでは早速、松尾先生、ご報告をよろしくお願いいたします。

［松尾（直）委員の報告］

松尾（直）報告者 松尾でございます。きょうは、久しぶりに金融商品取引法研究会でご報告の機会を与えていただきまして、ありがとうございます。何せそうそうたるメンバーの方々、特に学者の先生方の前で、それほど理論的でもない実践派である私が報告するのはお恥ずかしいんですけれども、そこはお手やわらかにお願いできればありがたく存じます。

Ⅰ．投資信託・投資法人関連法制に関する問題意識

きょうのテーマは「投資信託・投資法人関連法制に関する問題意識について」です。「問題意識」ということで、ここで既に腰が引けているわけでございますが、最初に申し上げましたように、学問的な問題意識というよりは、私のメインの仕事が実務の弁護士である関係で、弁護士として思っていること、あと、投資信託に若干投資していますので、個人投資家としての目線で私が投資信託について日ごろ考えていることを踏まえて、諸論点を取り上げ

たということでございます。

問題意識としては、大きく3つです。(1)投資信託受益証券への開示規制の適用の問題（金商法）、(2)外国投資信託・外国投資法人届出制度の問題（投信法）、(3)投資信託協会の自主規制規則の問題（金商法・独禁法）です。

その前提として、2で「証取法・金商法の主要規制の考え方」を書いております。

II. 証取法・金商法の主要規制の考え方

まず、「伝統的な考え方」です。これは、証券取引審議会特別委員会（昭和51年）の報告書に書いてあったんですけれども、投資者保護の内容としては、①「事実を知らされないことによって被る損害からの保護」、②「不公正な取引によって被る損害からの保護」が挙げられ、このための方策として、「ディスクロージャー制度の充実」及び「不公正取引の防止」が2大柱として考えられてきました。この2つの特徴は、業者規制ではないということです。いわゆる上場会社法制の考え方などにおきましても、基本的には、業者規制ではない部分が割と注目されているということであります。

では、「現代的な考え方」はというと、2ページです。金商法では、目的規定の整理をして現代化が図られました。その中で、目的を達成するための方策の例示がされております。3つございまして、①企業内容等の開示制度の整備（ディスクロージャー）、②金融商品取引業を行う者に関する事項の定め（業者規制）、③金融商品取引所の適切な運営の確保等であります。取引所は上場会社法制の担い手の1つです。業者規制が例示として挙げられているということです。

②から、これは私見でありますけれども、従来よりも、業者の不正・不当行為や破綻によって被る損害からの保護を図るための業者規制が重視されていると言えます。これは、私だけでなく、公開会社法制の提唱者である上村達男先生も言っておられることです。残念ながら本にはなっていませんが、

上村先生は2002年の『企業会計』における証取法の連載で、業者規制について、「証券会社は資本市場の機能を確保し、資本市場成立のための諸ルールを現実に血を通わせ息を吹き込む、もっとも中核的な責任と役割を負担する高度な専門業者であり、そのためにそうした使命にふさわしい規制の対象となる。…市場を担うべき必要不可欠な業者規制が飛躍的に強化されなければならない」と指摘されていまして、行政官であった私の感覚と非常に合致しております。

　この業者規制重視の捉え方は、金商法をやるときにいろんな事件が起きたため、平成18年6月30日に出された金融庁「証券会社の市場仲介機能等に関する懇談会　論点整理」の中でも、「信頼される証券市場を構築する上で、証券会社が担うべき市場仲介機能等の適切な発揮」ということで、証券会社は市場の仲介機能の発揮者であるという観点から、資本市場という考え方をベースにして、その重要な担い手の1つである証券会社の規制が大事だという考え方が示されています。要は、金融庁の考え方と業者規制重視の考え方は合致しているということを言いたいわけです。

　また、黒沼先生の『金融商品取引法』(有斐閣、2016)、これは学界における金融商品取引法の研究書の中で最高峰だと私は思っておりまして、最近よく参照させていただくんですけれども、黒沼先生も、ディスクロージャー制度と不公正取引の禁止と並んで、業者規制を挙げておられます。ですから、学界でも今、そういう考え方になっているという見方もあるということです。

　金商法制をつくるときも、金融審議会の「中間整理」では仕組み規制という考え方も出たんですが、私は、仕組み規制は入れずに、業規制ということで貫徹している仕組みをつくったという考え方でございます。つまり、2で言いたいのは、開示規制も大事だけれども業者規制も大事ということであります。

　先生方には釈迦に説法で恐縮なんですけれども、次の3では「投資信託・投資法人関連法制の沿革」を挙げております。

Ⅲ．投資信託・投資法人関連法制の沿革

　まず、昭和23年の証券取引法制定のとき、「有価証券」としての「投資信託の受益証券」が既に挙がっていたわけですが、最初は開示規制の適用対象でした。その後、議員立法で昭和26年に証券投資信託法が制定されまして、昭和28年の証券取引法改正で、それに合わせて、「有価証券」としての「証券投資信託の受益証券」が2条1項7号で掲げられました。そして、3ページの一番上にあるとおり、証券投資信託の受益証券に係る開示規制が適用除外されたという経緯がございます。そのとき、注10にあるとおり、「貸付信託の受益証券」も同じく開示規制の適用除外とされました。

　その理由については、注11をごらんください。鈴木竹雄先生と河本一郎先生の『証券取引法〔新版〕法律学全集』（有斐閣、1984）によりますと、「など」ということで「投資信託の受益証券」が挙がっていないんですけれども、「特別の法律によってその発行につき監督官庁への届出またはその認可を要求されるなど、別途その監督をすることとしているため、とくに開示をさせる必要はないという考え方に基づく」と説明されています。

　また、神崎先生単著の『証券取引法〔新版〕』（青林書院、1987）では、「証券投資信託法によって、委託会社が大蔵省令で定める事項を記載した説明書を作成して、受益証券を取得しようとする者の利用に供しなければならないこととされているので、その募集のための特別の情報開示は、必要とされている」。そして、大蔵大臣は、証券会社の業務方法書に、説明書をあらかじめ交付することを記載させているということで、当時もう業者規制も入っていたわけです。あと、証券局長の通達で、業者規制における説明書ということで担保されている。したがって、開示規制が適用除外されていたというのが神崎先生のご説明です。

　これで私の言いたいことがわかると思うんですけれども、何で投資信託は開示規制の対象になっているのか、業者規制で十分ではないかというのが私の従来からの主張でございまして、それを支える議論を持ってきているわけ

です。

　そして、昭和28年に証券投資信託法が改正されます。今も議論はあるんですが、当時から証券会社と委託会社の分離、独立性がうたわれていまして、それに伴い、委託会社の登録制から免許制への移行が行われ、証券投資信託法に委託会社の役員の兼職制限が入りました。

　昭和42年には証券投資信託法の大改正が行われまして、注目すべき点は、（5）の上から5つ目の「委託会社による説明書制度の創設」です。すみません、さっき「証券局長の通達」と言いましたが、業務方法書に書けというのが証券局の通達です。この制度ができるまでは、大蔵省理財局証券部の通達で委託会社の説明書ということが書いてあったんですけれども、それを法律に格上げしまして、委託会社が投資家に説明書を交付しないといけないという制度になったわけでございます。一種の業者規制です。業者としての委託会社への規制によって、投資信託の受益証券に係る説明を確保するという仕組みです。

　次は平成4年の金融制度改革法による法整備で、ご承知のとおり、みなし有価証券制度の整備が行われました。それで、次の4ページの一番上ですが、当時の証券取引法2条2項各号のみなし有価証券も開示規制の適用対象になりました。その経緯を注14に書いております。

　当時の証券取引審議会基本問題研究会ディスクロージャー小委員会の報告は、証取法の開示規制の適用除外に関する考え方が整理されたという意義がございまして、「適用除外の対象とするのは、証券取引法のディスクロージャー規制と同様又は類似の規制が別途行われ、実質的に同等の投資者保護が図られているような場合、あるいは投資者保護上問題がないと考えられるような場合とすることが適当であると考えられる」としています。

　また、証券化関連商品に係るディスクロージャーの整備に係る基本的考え方として、ディスクロージャー制度をどのように適用していくかが問題となるわけですが、この点について第一部会報告は、「共通の原則で律することが可能である」との考え方を示し、証券化関連商品に係るディスクロージャー

の整備は、「基本的には、現行のディスクロージャー制度の枠組みを可能な限り活用する方向で検討していくことが適当であると考えられる」としています。これを踏まえて、みなし有価証券も開示規制の適用対象とされました。

ただ、当時、証券投資信託の受益証券は依然として開示規制の適用対象外でしたので、このことから言えるのは、証券投資信託の受益証券につきましては、証券取引法のディスクロージャー規制と同様または類似の規制が別途行われ、実質的に同等の投資者保護が図られているような場合、あるいは、投資者保護上問題がないと考えられるような場合に当たると整理されていたのだと思われます。

ちなみに、最初に申し上げるべきでしたが、外国投資信託の受益証券は、昭和23年の証券取引法の制定時から開示規制の対象でありました。ですから、昭和28年の証券取引法改正で開示規制の適用対象外になったのはあくまでも証券投資信託の受益証券であって、外国投資信託の受益証券は開示規制の適用対象ということでございました。

参考として注15をごらんください。資産金融型証券、法律用語で言う特定有価証券の特性に即したディスクロージャー制度の整備について書いております。従前の外国投資信託証券の発行者の内容等の開示に関する省令が全面改正されて、特定有価証券の内容等の開示に関する内閣府令が公布され、また、外国投資信託証券の開示についても見直しが行われ、主に会社型の外国投信を念頭に規定されていた開示様式について、契約型の外国投信にも対応できるよう用語等の整備が行われました。要は、外国投信の開示制度がより整備されたということでございます。

（7）と（8）は投資信託研究会の議論の内容です。私は証券局にいたことはないんですが、大蔵省での最初の配属が銀行局で、金融には関心がありました。（7）は1989年で、当時私は留学中でしたので余り知らないんですけれども、「投資信託の情報公開」というのがありました。（8）は1994年で、「ディスクロージャーの充実」というのがありますが、読んでみたところ、開示規制の対象とするという具体的な議論は出ていませんでした。

ご承知のとおり、投資信託の受益証券が開示規制の適用対象になったのは、ビッグバンを受けました平成10年の金融システム改革法による法整備ということになります。注19にあるように、証券投資信託または外国証券投資信託の受益証券、そして、会社型投信制度が導入されたことに合わせて投資証券または外国投資証券が開示規制の対象とされた一方、貸付信託の受益証券は引き続き開示規制の適用対象外とされました。

　当時、大蔵不祥事があったものですから、立案担当者が詳細な解説を書かなくなっていまして、唯一書いているのが、当時証券局で法案担当をやっていた私の同期の茶谷君です。ただ、残念なことに概要だけで、個別の詳細な解説はありません。結局、投資信託の受益証券が何で開示規制の対象になったのかについては、推測するしかありません。

　注20、『商事法務』に連載された神崎先生監修・日興証券法務部編「ディスクロージャー関係の改正」では、単に「証券投資信託受益証券に対する証取法開示規制の適用」としか書かれていませんでした。

　注21にあるように、ビッグバンのときの証券取引審議会全体の報告書では、直接的には取り上げられていないんですけれども、総合部会投資対象ワーキング・パーティー報告書「魅力ある投資対象」の中では、「私募投資信託を証券投資信託法に明示的に位置付け、制度化することが適当と考えられる。但し、私募投資信託の性格に着目すれば…現行法に基づく各種ルールをそのまま適用することまで求める必要性は必ずしもない。…私募投資信託固有に適用されるべきルールの整備を行う必要があるものと考える」とされていて、私募投信に関連があるのかなということでございます。

　注22、『金融法務事情』の座談会で神田秀樹先生は、「この新しい証券投資信託法では、いわゆる私募投資信託というのを認める…ディスクロージャーについては、証取法のほうの私募の規定でディスクローズはしなくてもよろしいと。いわゆる私募投資信託の導入です。このようにディスクロージャーは全部証取法のほうへ行くという、これもかなり画期的な（実は昔はそうだったのですが）話です」と指摘しています。「昔」というのは昭和23

年証取法のことです。

　この神田先生のご発言からすると、国内投資信託の受益証券のディスクロージャーは証取法で対応する。要は、私募投信は私募、公募投信はディスクロージャーという流れで理解するとわかりやすい。もともと外国投資信託は証取法の開示規制の対象だったわけで、国内投信も証取法の開示規制の対象とすることについては、それほど違和感はないということなのかなと推察しております。記憶によると、従前、本研究会で私が問題提起したときに、当時座長であった神田先生は、あれは私募投信が導入されたことに伴うということをおっしゃっていて、恐らく神田先生のご認識は、今の私の推測に近いものだと考えております。

　その後の改正についても書いておりますが、すみません、資料の記載が間違っております。6ページ（10）の平成12年は、金融システム改革法ではなく投信法改正です。ここはちょっと省略します。

　次の（11）、私が担当した平成18年金商法については、実は、個人的には当時から疑問に思っていたんですけれども、担当は企業開示課で、市場課の人間はとても言い出せなかったですし、法律事項ですから、そこまでの大改正はさすがに審議会に諮らないとできない、ディスクロージャーワーキンググループもありましたからできないということで、そのままになっておりました。そのかわり、きょうの論点の1つである外国投資信託・外国投資法人の届出の適用除外制度の整備をしたわけです。

　また、一番下のみなし有価証券、すなわち金商法2条2項各号の有価証券を、集団投資スキーム持分などを導入することによって拡大しましたので、開示規制を原則的適用除外にしたということで、ここについては、注26にあるように、黒沼先生からはご指摘をいただいております。ただ当時、関係省庁との協議の問題もありまして、ご指摘はもっともですけれども、仕方なかったというのが私の気持ちです。

　皆様方ご理解いただいたと思いますけれども、平成18年金商法で、開示規制の考え方が、平成4年の金融制度改革法の適用除外に関する共通の原則

から変わりました。その考え方は、注25にあるとおり、流動性に乏しく、その情報を公衆縦覧により広く開示する必要はないということです。

　ところが一方で、7ページの一番上にございますように、有価証券投資事業権利等の開示規制は適用対象化されました。例外の例外みたいなものをつくったということです。例外の例外というのは、開示規制の例外の例外ですから、開示規制の適用対象になる。そこの考え方については、注27で、立案担当者からは、証券市場における他の投資者の投資判断にとっても重要な情報である、すなわち、潜在投資家にとって大事だと。ありていに言うと、市場に影響を与え得るから開示規制の適用対象としたという考え方で、その考え方で、事業型ファンドについては、これでも適用対象にならないものですから、業規制における契約締結前交付書面のほうで手当てをしたということでございます。

　この点については、注29でるる説明しているわけですが、なぜ最後まで事業型ファンドを開示規制の適用対象外にしたかというと、実情としては、さっき申し上げたような理由があるからです。注30のとおり、黒沼先生からはご指摘があるんですけれども、ただ反論はございまして、行政官の感覚だと、エンフォースメントは、ディスクロージャーより業者規制のほうが確実なんです。ですから私は、投信も業者規制でいいじゃないかという考え方です。

　平成25年改正については、ここに書いていないんですけれども、その経緯に対して私はちょっと批判があります。市場課長のおられる前で申し上げたいのは、これは余り認識されていない問題なんですが、前の改正が平成12年、次の改正が平成18年で、6年あいている。そして、平成25年改正は7年あいています。通常、法律の附則では3年見直し条項というのが多いんですけれども、5年見直し条項があって、役所的には大丈夫なんですよ。法律を改正するというよりは、5年以内に検討して、その結果を出せばいいということなので、附則に違反しているわけではありません。ただ、こういうことがあるがゆえに、投信については6～7年に一遍しか重要な改正が行

われないという実態になっています。

　平成17年に当時の投信協会の方から「こんなにイシューがあるんです」と言われました。それで私は、「ただでさえ大法案なのに、こんなにいっぱい持ってこられても困る」と言ったんですが、「いやいや、これまで改正していただいていないんです」と全部ツケ回しされたわけです。結局全部やって、投信協会の方々にはものすごく感謝されましたけれども、もうちょっと機動的に改正してほしいと言いたいです。私は今、民間弁護士で、もう法案担当じゃありませんが、せめて5年に1回はやってほしい。法案担当が大変なのはよくわかります。でも今は、投信法の大きな改正は6～7年に一遍しかされないんですよ。次は平成31年ですから、もう近づいていますよね。

Ⅳ．投資信託・投資法人に関する金商法・投信法の調整

　次に8ページです。私は金商法にいろんな問題意識を持っていまして、ここは客観的に書いているんですけれども、それとなく自分の主張を書いています。

　まず、（1）は「直接開示と業者の行為規制の調整」です。

　投資信託受益証券は開示規制の対象であるために、目論見書制度の対象になっていますが、そうすると、業者規制における契約締結前交付書面の交付義務との調整が必要になります。これは、契約締結前交付書面の記載事項を全て記載した目論見書を交付すればいいということで調整をしています。ここに書いていない私の意図は、目論見書制度の対象にしているから、そんな調整が要るんだという問題意識です。一方、運用報告書の権利者への交付義務については、調整は行われていません。

　②は「開示規制と行為規制の関係」で、さっき言った話を書いています。金商法では業者規制重視です。ところが、平成20年金商法改正により特定投資家私募制度と特定投資家私売出し制度などを導入したときに、開示規制の制度として、特定証券情報制度と発行者情報制度が導入されました。私募・私売出しについても、実際には政令指定されていませんが、政令指定すれば

開示規制としての特定証券情報制度と発行者情報制度が適用できるようになっています。開示規制による直接開示機能が重視されているわけです。業者規制重視との関係で、一貫性がないように思われます。ですからここで、「直接開示機能を開示規制と業者の行為規制のいずれにより対応するかについては、必ずしも整合的なものとなっていない」という私の批判的コメントを書いているわけです。

（２）は「金商法の開示制度と投信法の開示制度の調整」ということで、これはさっき申し上げたとおりです。①は開示規制の対象になっているということです。

②は「直接開示との調整」です。皆様方ご存じのとおり、投信法では、金融商品取引業者による投資信託約款の内容等を記載した書面の受益証券を取得しようとする者への交付義務と、投資法人の募集投資口の引き受けの申込者への通知義務が定められていますが、目論見書を交付している場合には適用除外とされておりますので、実務としては目論見書の交付でやっております。

また、投信法では、運用報告書の受益者への交付義務というのがあるんですけれども、こちらは、先ほど申し上げた金商法上の運用報告書の交付義務のほうが適用除外されていまして、投信法の運用報告書の交付義務となっています。

なお、投信法では、投資法人による資産運用報告の本店への備え置きと投資主・債権者の閲覧請求制度が定められています。

投信法は、業者規制を金商法に移して、仕組み規制法として徹底するようにしておりますが、実は調整し切れていなくて、まだ業者規制の側面がやや残っています。例えば、金融商品取引業者の財務局長への届出義務などですけれども、個人的には、こっちでやるんだったら、開示規制は要らないじゃないかと思っています。公募の場合のみならず、私募の場合にも適用される。ですから、これは結局、私募投信の届出制度なんです。有価証券届出書や有価証券報告書の提出とダブっているということです。

したがって、異論はおありだと思いますが、開示規制原理主義をやめて、業者規制でできるものは業者規制でいいじゃないかというのが私の主張です。なぜかというと、私は投信の個人投資家として、開示規制のEDINETなんか全く見ません。業者さんからもらいます。業者のホームページで見ます。それで十分です。実務的には開示規制は必要ないという実感があります。

　何でこういうことを言うかというと、コストの問題です。開示規制はコストがものすごくかかるんです。こんなにコストがかかるならやらないという人は結構います。特に外国の発行者です。

　あとは継続開示です。ご承知のとおり、金商法24条1項3号で、有価証券届出書を一度提出したら、有価証券報告書を毎年出さないといけません。これは外国投信の届出制度も同じです。

V．外国投資信託・外国投資法人届出制度

　次の10ページの「外国投資信託・外国投資法人届出制度」につながる制度なんですけれども、平成18年の私の担当のときに、外国投資信託と外国投資証券の「募集の取扱い等」、「等」なので私募や私募の取扱いも入るんですが、事前届出免除制度を導入しました。対象になっているのは、東京証券取引所に上場しているETFなどです。海外に上場されている、例えばOECD加盟国の取引所に上場されている外国投資信託の受益証券についての適用除外には限界がありまして、それが10ページの5です。

　何でこの届出制度が設けられたかというと、私が担当したときの金融庁のパブコメ回答に、国内において流通する場合には、投資者保護を図る観点から当局が実態を把握する必要があるため、発行者に求めることになるとあります。これはわからないでもありません。ただ、（2）にあるように届出義務の適用除外制度を18年改正のときに設けて、今は例外が3つあります。

　①と②は私のときに対応して、③は平成20年6月改正で追加されたものです。外国の取引所上場のものについては、ありていに言うと、証券会社が適格機関投資家を相手方とする場合には届け出をしなくていいということで

す。ただ、外国上場のものであっても、REITについては例外になっていません。当時、私が担当していたときも、REITがまだ導入されたばかりのころで、ちょっと個別性が強いということで、要望はあったんですけれども適用除外にしませんでした。この考え方が平成20年6月改正のときも維持され、いまだに変わっていないということです。しかし、政令や内閣府令事項にしたのは機動的に改正できるようにするためで、私としては、時代の変化に応じてどんどん改正してほしいと思っております。

　注43で、外国上場でない外国投資信託も適用除外してほしいということについては、平成20年改正のときに、一般投資家へ流通する可能性もあるということで適用除外とされていません。

　これが、さっきも言ったようにコストがかかるんですね。なぜかといいますと、一旦届け出をすると、12ページの（3）にあるように、発行者には運用報告書の作成義務及び「知れたる受益者」への交付義務があるからです。ただ、「知れたる受益者」というのは、発行者はわかりません。販売業者にしかわかりませんから、発行者が日本語の運用報告書をつくり、証券会社を通じて交付する。そうすると、実務で何が起きているかというと、証券会社にとっては手間がかかり、人気のないもの、コストのかかるものは余り販売してくれないということになります。それは証券会社からしたら当然のことです。

　また、ここには書いていませんが、コストばかりかかって日本の投資家が全然ふえないからやめたいと思っても、一旦届出をしたら、やめる制度がないという問題もあります。「知れたる受益者」が1人でも残っていれば続けるということですから、これは発行者にとって負担が重いです。

　逆に、理由はわかりませんが、外国投資法人は運用報告書の作成・交付義務がなぜかありません。外国投資信託受益証券については、日本ではなかなか流通しないので、実際には、日本の投信会社が日本の投信としてつくって外国の運用会社に委託するという仕組みで流通しています。

　10ページに戻って、上から4行目に「アジア地域ファンド・パスポート」

とありますけれども、私にとっては期待外れで、これに合わせて法令改正されるのかと思ったら、投信法の外国投資信託の届出制度は変わっていません。つまり、日本に外国投資信託を持ち込むに当たっては、外国投資信託の届出をした上で、アジア地域ファンド・パスポートの対象になるための要件がいろいろあって結構厳しい。ですから、外国投資信託については、日本に持ち込むメリットはありません。私の理解では、日本の投資信託を海外に輸出する、産業立国的な発想でできている制度だと思います。この制度をつくるときに、届出を免除するのかなと期待していたんですが、そうではないということで失望しました。

　もっと言えば、もし届出制度を続けるのであれば、特に外国上場物、具体的には、私、シンガポール取引所の代理人をやっているので、あえて言いますけれども、外国上場のREIT、これは為替リスクがあるものの利回りが高いので、いい商品だという話なんですが、実際は障害になっています。日本の投資家は買えません。といいますか、届出制度があるので、証券会社が販売対象にするのに困難があるんです。ですから、届出制度を残すのであれば、英文の目論見書を、翻訳なしでそのまま受け付けてほしい。なぜなら、これは単に届け出で、公衆縦覧開示じゃないからです。昔、この制度の見直しを検討するとき、部下に「関東財務局から取り寄せてくれ」と言って、私、見たんですけれども、関財に積んであるだけか、確かに無駄だなと思って緩和しました。緩和の要望もありました。ですから、もうちょっと緩和してくださいというのが実務家の要望です。

　私の根本的な疑問は、なぜ投資信託の受益証券が開示制度の対象になっているのかということです。業者規制で十分じゃないか。理由は、投資家は誰もEDINETを見ないからです。アナリストは、証券市場に影響を与えるということで見るんですかね、ETFとか。見るのかもしれませんが、その辺は後で大崎先生にお話しいただければと思います。

　次の（4）は飛ばして、最後は投資信託協会の問題です。

　投資信託協会については、岩崎会長になってから、投資信託のガバナンス

懇談会の委員を拝命し、大変勉強になっています。また、私は投資顧問業協会のスチュワードシップ研究会のメンバーでもあるんですが、投信協会と顧問業協会の最大の違いは、投信協会がルールベースの自主規制機関だということです。投資信託受益証券及び投資法人投資証券という特定の有価証券に関するルールベースの規則がいっぱいあって、実務に大変影響が大きいということでございます。

例えば、投資信託等の運用に関する規則というのがあります。このルール自体に問題があるということではありませんが、投資対象についてはかなり細かいルールがあり、例えば組入投資有価投資証券の範囲など、いろいろ書いています。見方によっては、商品性の制約を課していると言えます。もちろん、投資信託商品というのは投資家からの信頼が高いので、安全性を確保するためという正当な理由があることは十分承知していますが、商品性に関する制限まで踏み込んでいるというのが投信協会のルールの特徴です。

それで、(3)の「自主規制機関と独禁法の適用に係る概要」ということで、注44は私の金商法の本からの抜粋で恐縮なんですけれども、平成11年の改正で、金商法の自主規制機関については独禁法の適用除外になっておりません。ですから、現行では、日本証券業協会などの認可協会にも事業者団体として独禁法の諸規定が適用されることから、価格規制を行わないなど、自主規制の策定・運用に当たって競争制限的にならないよう配慮が必要となります。

日証協さんはこの点について十分認識がありまして、私が参加した(4)の①、自主規制規則のあり方に関する検討懇談会、これはたしか大崎先生が座長ですが、中間論点整理では独禁法上の問題も取り上げられています。その中では、「基本的には、独禁法上の問題は生じないのではないかとの意見も提起されたが、独禁法との関係により金商法等で認められた権能を行使できない場合が生じるとすれば、自主規制の目的を達成することに制約が生じることになる。したがって…行政当局その他適切な場において、一定の整理が行われることを期待したい」としています。

しかし、行政当局はそんな整理はしないわけです。日証協さんはどういうことを行われたかといいますと、最終報告では、米国の証券業における自主規制と競争法との関係について、学者の先生に調査研究を委託しました。

参考となる事例が2つありまして、1つは、日証協さんのCFD規則の導入の経緯です。

民主党政権時代、日証協のほうが先行して証券CFD取引ワーキング・グループを設置していたんですが、その後、突如として金融庁が乗り出してきて、投資家保護・取引の公正確保の観点から、平成21年11月13日、「デリバティブ取引等に係る公正の確保等」が検討項目に挙げられていました。

そして、平成21年12月17日、金融庁の「金融・資本市場に係る制度整備についての骨子（案）」に対するパブリックコメントの募集で、証券CFD取引について、不招請勧誘の禁止の対象とすべきかどうか、結論を得るよう検討を進めるということになりました。

その後、平成22年1月18日、日証協さんから「『CFD取引に関する規則』の制定について（案）」が出され、その解説の中でいいことを書いています。「レバレッジ規制をはじめとする規制は、商品性を制約する要因の一つとなる。このためレバレッジ規制に関しては、過度な高レバレッジ取引の提供の防止を主眼とし（明らかに合理性を欠くと考えられる水準を上限とし）、その範囲内での自由競争を確保し、各社の経営努力を排除せず、投資家に対する魅力を損なわないような水準にすべきだという意見が出された」。これは、「独禁法」という言葉を書いていませんが、独禁法的な競争を意識したご発言だと思います。

そして続く部分で、特にレバレッジ規制については、「実質的な競争制限行為となり投資家の利益を損なう虞もある。このため自主規制団体としては、規制が過度にならずかつ実効性を有するよう、効果と合理性を立証し必要な範囲内であることの確認を行うなど、策定プロセスに時間的な制約が生じることもある」ということで、独禁法的な競争を意識しながら議論を進めたものの、金融庁が出てきて内閣府令のパブコメが出され、法令による規制がさ

れることとなったわけです。

　当時の日証協さんの思いは私にはわかりません。ただ、結論としては、不招請勧誘の禁止対象についても、レバレッジの倍率規制も、法令で規制対象になったということで、独禁法上の観点からしますと、法令で明確に規制対象にしたほうが、事業者団体による競争制限的行為に当たる可能性がなくなるので、結果的によかったと思います。要は、私が言いたいのは、日証協では、独禁法上の商品性の制約が競争制限的になり得るということを十分認識の上で議論されておりますので、非常に結構なことだということであります。

　では、問題意識として、投信協会さんはどうか。私は投信協会さんとは、随時開催されるガバナンス懇談会の委員でしかないので、内部における議論はわかりません。ただ、１つ事例を挙げたい。これは私がシンガポール取引所に断った上で書いているのですが、要請に係る論点をご紹介して、私の報告にしたいと思います。

　少し難しいのですが、投信の基準価格はその日のうちに決まります。日本時間の午後３時までに投資信託の注文が出されていれば、その日のうちの基準価格で投資家は買えるということです。

　例えば外国投資信託に運用財産があって、仮にシンガポール取引所の日経225に投資していた場合、シンガポール取引所の日経225のその日の価格は、その日の投信の基準価格に反映されず、翌日の基準価格になります。そうすると、１日ずれが出ます。私が聞いているのは、投資信託財産では、SGXの日経225先物取引は利用されない。大阪取引所の日経225のみが利用される。大証さんにとってはいいのですが、競争上どうかという話です。

　こういう評価になっているのは、投信協会さんの規則がそうなっているからです。SGXの言い分は、いや、SGXは時差が１時間と少ない。SGXの投信の基準価格は、最終的には30分おくれで、日本時間の午後３時半に出るので、当日の投信の基準価格に間に合うではないか。なので、そうしてもらえれば、SGXの日経225も買ってもらえる。でも、現状それができないのは、投信協会の規則があるからだということです。

投信協会の今の規則も別におかしいわけではなくて、基準価格を連絡する時間というのがあって、基準価格の計算との関係では、実務的に間に合うはずなのです。ただ、今のシステムがそうなっていないので、システムの整備が必要なのです。だから、ヨーロッパとかアメリカ市場は、時差の関係で、当日の基準価格への反映は到底間に合いませんので、それは無理なのですけれども、SGXについてはOECD加盟の取引所だし、信頼できるので、例外にしてくださいというのがSGXの要望です。私は、今の基準価格の計算に関する投信協会の規則との関係では問題はないはずだということを主張したいのです。

　投信協会は、会員から要望があれば検討するというスタンスのようです。協会というのは、私の認識では、金融庁の認可または認定を受けているわけで、単なる事業者団体ではなくて、法律にちゃんとお墨つきがある組織です。つまり、公益的な存在なのです。協会は、公益的な存在ですから、仮に会員から要望がない場合であっても、公益的に必要な場合には、検討するのが筋ではないでしょうか。

　最後にまとめますと、私がなぜ投信制度を取り上げたかというと、投信制度は６～７年ごとぐらいしか大きな検討がされないのです。毎年あるのは税制改正要望だけです。過去にとらわれずに、私も過去にとらわれてないです。過去は過去、今は今で、状況が違いますから、過去こうだから今こうじゃないかという必要はなくて、現状に合わせて、法令も投信協会のルールもどんどん改正していけばいい話です。

　きょうは実践的な問題意識ということで、私らしい報告ということで、ご清聴ありがとうございました。

討　議

神作会長　松尾先生、貴重な報告どうもありがとうございました。

　それでは、ただいまの松尾先生のご報告に対しまして、どなたからでも結構でございますので、ご質問、ご意見をお願いいたします。

大崎委員 松尾先生からこれまでの法令の変遷も含めた開示規制についてのいろいろな問題提起をいただきまして、大変勉強になりました。

1つ感想めいたことと、あとご質問といいますか、今触れられなかった点でご見解をお伺いしたい点があるのです。

まず1つ感想めいたことは、本来、集団投資スキームと言われるものと投資信託に本質的な違いがあるわけではない。つまり、他人の資産を集めて運用して、その成果を分配するという意味では本質的に同じなのだけれども、投資信託の制度が先行的に存在していた上、公募という形がとられて、個人が幅広く所有するという実態があったことによって、余りにも大きな制度的な違いが生じてしまっているというのが現在に至る問題の1つの根っこなのかなというような感想でございます。

その上で、触れていただかなかった点でお伺いしたいことの1つは、今ご存じのとおり、公募投資信託に関しては、投資家が買付けるときには、形式的に常に、新規の受益証券の発行になり、募集であるという理解で、目論見書の交付義務が課されてしまっている。ところが、上場投資信託の場合ですと、買付けるのも既発行の受益証券を買うということなので、これは募集ではないので、目論見書の交付義務はないという整理になっているわけです。

しかし、例えば日経225連動の公募投信を買おうが、日経225連動の上場投信を買おうが、本質的な違いは何もない。もっと言えば、公募投信を買うほうが、厳密に基準価格に連動した価格で買えるわけですから、むしろ投資家保護上は、開示によって保護すべき必要性は、上場投資信託のように価格が変動するものよりも小さいとすら言えるかもしれない。それなのに目論見書交付義務がある。これはどう考えればいいのか。少し変な制度的な差になっているのではないのかなということについてご見解をお伺いしたいと思います。

もう一つ、外国投資信託の届け出に伴う運用報告書の話は、なるほどなと思った一方で、運用報告書交付義務というのは、もしかすると、ファンドの保有者の保護という意味では、一番必要な制度のような気もします。公衆縦

覧開示が要るかどうかというのは全然別の問題だと思うのですが、少なくとも保有者に対して何らかの運用状況の報告をさせるというのは、外せない制度のような気がするのです。国内投信ですと、受益者が非常に少なくなると、結局、強制償還して、なくしてしまうということで、運用報告書の交付義務に係るコストを削減することはできるのですけれども、外国投信の場合は、日本で持っている人が3人しかいないからといって、本国で償還するというのは、ある意味、ナンセンスで、そんなことはできないので、結局この義務が続いてしまっているのかなと思います。

　これは、もしかすると、外国の会社が日本で上場した場合については、有価証券届出書を出していても、報告書の提出義務は、株主数が一定以下になると免除されるという規定がありますが、それに似たような制度をつくることで、何とか折り合いをつけられないかなという気がしたのですが、その点についてご意見を伺えればと思います。

松尾（直）報告者　大崎先生から、非常に貴重なご指摘で、私が取り上げなかった論点も言っていただきまして、大変ありがとうございます。

　1点目の感想は、本当におっしゃるとおりだと私も思います。

　2点目ですが、制度をつくるときは、どうしても現状の制度を前提として積み重ねていきます。金商法のときに私が多少整理はしたのですが、先ほどご説明したとおり、制度を調整し切れてない部分があって、これは投資信託だけではなくて、金商法と信託業法とか兼営法とか、実はその間にもあるのです。信託銀行の兼営法上の義務と金商法上の義務がダブルでかかるということがあり、そこまで調整し切れていなくてすみませんという話なのです。

　2番目については、新規発行か既発行かという募集と売出しの定義です。要は募集と売出しまたは売買との区別に関するドグマです。ここは形式論です。ただ、幸い平成21年金商法改正により、募集のところの定義に追加が入りました。金商法2条3項で、要は、会社法上の募集の概念と合わせるために、会社法上の募集は、自己株式の処分も募集に当たるけれども、金商法のほうは、自己株式の処分は募集に当たらず、売出しになるので、それはお

かしいという議論があった。当該改正により、会社法上の募集の概念に合わせて、有価証券の募集の定義に、例外として取得勧誘類似行為というのを追加できるようにして、定義府令で、自己株式の処分を募集の定義に追加している。

　でも逆ですね。本来の概念は売出しだけれども、募集として取り扱われているのです。自己株式の処分を売出しから除外して募集に含めている。会社法上の募集と同じ扱いにしているのです。今おっしゃったものは逆で、形式的には新規発行に当たるので、募集に当たるけど、募集から外して売出しに入れるという話ですね。それは業規制にもはねるので、慎重な検討が必要です。

大崎委員　目論見書交付義務をなくしてしまってもいいのではないかということですか。

松尾（直）報告者　そこは立法論としてはあり得ます。法令上の手当ては必要ですね。この場ではうまく頭の整理ができてないので、どういう立法上の手当てが考えられるかというのは後で考えてみますが、そういう手当てはありますね。上場投信は売買だから、何も要らないのですね。上場物ならいいと思います。

　どちらに寄せるかといったら、結局、売買扱いするかどうかです。そこはドグマの問題がある。開示規制だけの問題ではないのです。業規制の金商法2条8項1号にかかわる。2条8項各号で言う有価証券の売買とか、募集の取扱いとか。

　先ほど申し上げた募集の定義は、開示規制における定義だけで調整しているので、業規制にはねてないです。業者規制では、あくまでも募集の取扱いは募集の取扱い。難しいです。法令屋なので、具体的にどうするか考えつかないとうまく申し上げられなくてすみません。おっしゃることはわからないでもないのですが、もう少し考えさせてください。

　最後に、運用報告書は確かにそうですが、私が申し上げたのは限界的な事例です。それこそ50人未満とか、そういう事案なので、非常にいいアイデ

アをいただいて、ありがたいです。要は、投資家がつかないのに、受益者が1人でもいれば、運用報告書を送らざるを得ない。やめたいと言ってもやめられないのです。一定人数以下は運用報告書の交付免除とするというのは立法論としては、私もありがたいと思います。

中東委員 興味深いお話をありがとうございました。

大崎先生の話にも少し関係するかもしれませんが、2点あったうちの最初の一般論としての先生のご感想というのか、問題意識についてです。お話を伺っていると、なるほどな、開示規制よりも業者規制を強化する、あるいはそちらだけでやるほうがいい場面が相当多いような気がするのですが、どうしてそうならなかったのかを教えていただけませんか。

松尾（直）報告者 それが私の疑問です。そもそも金融システム改革のときに、投資信託受益証券を、それまで開示規制の適用除外にしていたのに、対象にした上で、私募投信の届出制度と外国投資信託・投資法人の届出制度が入って、規制が重くなってしまった。それが今でも続いているということなんですね。

中東委員 流れがそこで変わってしまったというのはわかるのですが、それがなぜだったのかについて先生のご分析をお伺いしたいという趣旨です。

松尾（直）報告者 私の推察でしかないのですけれども、基本的な考え方としては、最初の問題、2のところで取り上げましたように、開示規制というのが証取法の大きな柱であるという考え方があったのではないですかね。

大崎委員 私も詳細に経緯をちゃんと知って言っているわけではないのですが、1つ大きな話になったのは、アメリカのミューチュアルファンドにおいて、通常、目論見書の交付義務があるので、日本の場合、それが全くないのはいかがなものかという議論はたしかあったと思うのです。有価証券報告書を継続開示で出す必要があるということを積極的に言った人は余りいないと思うのですが、ただ、有価証券届出書を出せば、論理的に継続開示も必要になるのだろうみたいな格好で、それは必要ですと。専ら目論見書交付義務を入れたいというのがあったのではないかなという憶測がございます。

松尾（直）報告者 外国の制度については、9ページの注の33で、この分野は私が調べるよりも、投資信託の国際比較の研究では群を抜く先人の日本証券経済研究所の杉田さんの成果を引用させていただいているのですが、アメリカの投資会社法は、私募的なものについては投資会社法の適用外なのですね。欧州のUCITS指令でも適用外です。オルタナティブ投資運用者指令もありますけれども。

だから、実は日本は私募投信の届出制度があるわけです。要は、当局の考え方は、日本では販売がある以上は勧誘があるであろう。誰かが買ったら当然勧誘もある。私募の取扱いがある。私募がある。届出がないとだめだよねということになってしまうのです。

日本に持ち込まれるファンドは集団投資スキーム持分です。外国投資信託、外国投資法人になると、途端に厳しくなってしまうからです。ただ、実務上は類似のものなので、大手法律事務所は多分みんなそうだと思うのですが、割と慎重に考えていて、外国投資集団スキーム持分に当たるか、外国投資信託あるいは外国投資証券に当たるかというのは大きな違いなのです。第一項有価証券と第二項有価証券、第一種金融商品取引業と第二種金融商品取引業の区別に直結するからです。なので、割と慎重で、外国投資信託、外国投資法人に当たるというのを割と広く考えているのです。

そうすると、ますます扱いが難しいのです。例えばケイマンのユニットトラストは一般に外国投資信託扱いです。あと、ケイマンの法人型のファンドも外国投資法人扱いです。これについては、実務的に違う扱いをしている事例もあるようですが、私もそうなのですけれども、慎重な人は、第一項有価証券として扱うように説明しています。そうすると、届出制度が大いなる制約になるのです。日本に持ち込めない。日本の投資家が買えない。なので、ファンド・オブ・ファンズにするとか、いろいろ工夫はあるのです。だから、無理にストラクチャーを変えるのです。実は制約になっているのです。リテール投資家の話ではないのですけど。

河村委員 先生のお考えのように、投信の情報開示を、開示規制ではなくて、

業者規制のほうに統一していくというときに、では、例えば虚偽記載があったときの特別な民事責任であるとか、課徴金であるとか、罰則であるとか、現状、開示規制にかけられているようなものが、業者規制でやっていく場合には、どうなってしまうのかというのが1つ目の質問になります。

2つ目の質問は、一番最後にお話しになられた投信協会の規則の話ですが、松尾先生のような解釈を投信協会がだめだという形で各社に強制しているのか、それとも投信協会としては、松尾先生のおっしゃるような解釈は別に構わないのだけれども、あくまで業者のシステムの問題として、3時までに値段がわからないようなものは、その日の8時に連絡できないのか。ですから、独禁法の問題というよりも、各社の業務上の問題、システム上の問題として、現状できないだけであるのか。仮にそうだとすると、独禁法の話とは少し違ってくるのかなと思ったのですけれども、そのあたりはいかがでしょうか。

松尾（直）報告者 1点目は、開示のところは、契約締結前交付書面の虚偽記載とか、不提出も不交付も罰則があります。なかったでしたっけ。

河村委員 ありますが、軽いのです。有価証券届出書とは全然違う。

松尾（直）報告者 でも、実際、虚偽目論見書交付罪とか摘発された事例がありますか。

大崎委員 あります。

松尾（直）報告者 それは刑事事件ですよね。民事責任はないです。

大崎委員 もちろん投信ではないです。

松尾（直）報告者 投信ではないでしょう。学者の先生のおっしゃことはわかるのですが、制度として開示規制違反のほうが厳しい。でも、エンフォースの実態があるわけです。開示規制は発行者に対する規制であって、監督権限がないから、業者的規制が弱いのではないか。報告徴求命令とかあるのですが、私の感覚だと弱い。業者規制のほうが強力です。逆に言うと、業者さんに責任を負わせてしまう制度ですけれども、当局からすると、そのほうがやりやすいのです。業者さんに言えばいいからです。証券会社さんは大変になるですけれども。刑事罰は大変です。簡単ではないです。よっぽどの事件

です。誰が民事責任で訴えますか。零細投資家が訴えますか。よっぽどでないと訴えないですよ。

結局、上場会社の大規模な虚偽記載があったように、それで投資家側についていた弁護士の人たちが訴訟を募ってやるとか、年金運用機関が発行体に対して損害賠償請求する。それが世の実態なわけです。零細投資家の保護になるわけではないのです。だから、民事責任というのはエンフォースとしては弱いのです。業者規制こそがエンフォースとして最も強いというのが私の考えです。元行政官だからこう言うのですが、世の中は実態が大事で、制度をつくっただけで実態が伴わないと余り意味がないというのが私の考えです。

次に、独禁法上の問題と関係がないというのは、それはそうなのです。独禁法上の問題は大風呂敷を広げたのです。別にこの整理が独禁法上に反すると言っているわけではないです。私は競争上どうかとは言いました。

私が聞いているのは、ファンドマネジャーからすると、できるだけいろいろなマーケットを使えるほうが便利だという発想があるけれども、今のルールではそれができにくいのは、基準価格の計算が翌日に回されるからです。SGXで運用していたら、翌日の基準価格になってしまう。当日の基準価格に反映されないから、ファンドマネジャーはSGXを利用しないのです。当日、時差1時間で出るのに翌日の価格になるのはおかしいのですから。現行の外国有価証券の売買一般で、別にそのルール全体がおかしいわけではなくて、例外扱いをするという話です。世の中は個別の例外をなかなかつくってくれないのです。SGXが言っているだけだろうという話になります。そういう壁にぶち当たっている。

SGXが言っているかもしれないけれども、基準価格が午後3時半に出るのだから、私の解釈は合理的だと思います。でも、すぐにはできない。ルールの取扱いが必要だし、システムの改正も必要なのに、それだけのために、コストがかかるし、面倒くさいから嫌だという話でしょう。こういうことがあるから、世の中のルールは変わらないのです。それが世の実態で、どこの

世界も同じです。

　でも、ルールを変えるきっかけになるのは、1人の人の主張からです。私は金商法室長をやったとき、たとえ1人の主張でも、合理的であれば聞きました。今回は自分で言っていることなので、これが合理的かどうか私が評価する立場にはありません。これも人の見方によるのですが、独禁法上とは直接関係ないです。これが直ちに独禁法違反というか問題はないと思います。

　ただ、投信協会の規則というのは、細かいルールベースだから、これだけ影響力があるのです。そういう視点で洗い直しも必要ではないかという1つの例です。申しわけないですが、金融庁が言わない限り何も変わらないです。でも、岩崎会長は、投信協会のガバナンス懇談会で、基準価格の計算主体のところを変えようとされているということで、賛成です。時代のニーズに合わせて変えるのが大事なのです。プロパガンダみたいで、研究会の品格を下げて申し訳ないですけど、私はそれを言いたいのです。

弥永委員　本筋でなくて申しわけないのですが、業者規制に切りかえていったらよいのではないかというご指摘に関連して質問させてください。私にも、先生がおっしゃるように、民事責任や刑事責任はエンフォースメントとして余り強くないというのが実態だということはよくわかるのです。けれども、業者規制ということですと、金融庁などが適切に権限を行使しなければ、今や、大和都市管財事件のように、国家賠償の問題も、行政庁としては想定しなければいけない時代になっているのではないかという気もするのです。そこで、松尾先生のように、行政庁の責任が重くなってしまうような発想に、一体、金融庁は乗るのでしょうか、そのあたりの感覚を教えていただければと思います。

松尾（直）報告者　弥永先生の国家賠償の論文を読ませていただきました。当時、私も金融庁の法務室長をやっていまして、大和都市管財の国家賠償請求訴訟の矢面に立って、非常にけしからぬですけれども、投資家の人たちから弁護士の人たちがめちゃくちゃ言われるのです。こちらは公務員だから余り反論しなかったのですけれども、今だったら弁護士だから、何を言ってい

るんだと大きく反論しますよ。役所の人がかわいそうですよ。

　なので、私は、大和都市管財の国家賠償請求訴訟は全くおかしい。確かに大和都市管財はおかしいけれども、当時、抵当証券業法上の規制権限は弱いのですね。私は係員の２年生のときに抵当証券業規制法の立案にかかわったので、あれをよく知っているのです。金商法に統合しましたけれども、登録制だし、限界があるのです。

　あれで国が負けるのはおかしいというのが私の考えです。すごく簡単に国が負けた。国家賠償の原資は税金です。被害を受けた方々は気の毒とは思いますが、高利回りに引かれて買った人の損害を税金で補填するかどうかという問題です。

　そうすると、確かに救済手段がないではないか。当局に頼らずに救済できるのは民事ですね。それはそうなのです。別に金商法に規定がなくても、民事の訴訟提起ができるではないですかという話です。

松井（秀）委員　弥永先生のご質問とも関連するのですが、ある規制目的を実現するために、開示規制と業者規制の両方の選択肢があるときに、もちろん業者規制に寄せていくというのはあり得ると思うのです。ただ、開示規制であれば、開示をする側がコストを負担する仕組みになっているのに対して、業者規制の場合は、規制庁の側が、ある意味でコストを負担することになるのではないかという感じもしました。

　そこで、先生が現場にいらしたときの感覚をお伺いできればと思うのですが、規制の方法に複数の選択肢があるときに、業者規制であれば、金融庁の側が一定の人的な負担もリソースの負担もしなければいけないことになり、それが何らかの妨げになる、といった判断はあり得るのかどうか。そのようなコストの負担の問題がなければ、ニュートラルに、より効果的なものを選べばいいと思うのですけれども、規制庁のコストみたいなものがあると、そう簡単な話ではなくなるのかなとも思ったので、そのあたりをお伺いできればと思います。

松尾（直）報告者　それは開示規制における間接開示と直接開示の話を分け

る必要があって、現実の投資信託の販売で、投資家に目論見書を交付しているのは、目論見書も作成義務と交付義務で条文が分かれていて、交付義務は15条2項です。その中にいろいろな人が列挙されていて、発行者だけではなくて、金商業者があって、実際には証券会社または登録金融機関が目論見書という名前での書面を交付しているのです。その目論見書制度が定められているのは開示規制なのです。

　でも、目論見書規制であろうと、契約締結前交付書面規制であろうと、虚偽記載または不交付は法令違反です。業者の法令違反になる点では変わらなくて、別に今と変わらないです。最大の違いは公衆縦覧型開示のところがなくなるということで、むしろ役所の負担は少なくなるのではないですかね。

大崎委員　今のお話を伺っていてふと思ったのですが、そうすると、松尾先生のお考えだと、契約締結前交付書面の交付義務に関して、現在は同一の商品の契約を結ぶ場合は、都度の交付は要らないということになっているわけですが、投信だけは都度交付にするということになるのですかね。

松尾（直）報告者　それは変わらないですよ。別に手当てすればいいわけです。

大崎委員　そうなると、なぜ投資信託だけ都度交付が必要なのかというのは結構問題があって、かつ、契約締結前書面の中身も、投資信託は個別商品によって全く違った内容になって、例えば株式とか債券だと、非常に概括的な内容でいい。この辺を上手に整理するのはかえって難しいような感じもしてくるのですけれども、どうでしょうか。

松尾（直）報告者　今の契約締結前交付書面の例外をつくったのは私ですから、そんなことは簡単です。つまり、例外をつくるときに、目論見書制度があるから困ったな。では、制度の整合性を図るときに、契約締結前交付書面の記載事項が同じものは目論見書なら例外にすると、条件つき例外にしたのです。だから、現状は開示規制における目論見書制度を活用している仕組みです。それを契約締結前交付書面の制度を適用除外せずに、本体にするだけの話でしょう。開示規制に載せないということは、開示規制をやめるという

のは、目論見書制度を使わないということです。先生の質問の趣旨を誤解していたらすみません。

大崎委員 例えば今の株式に関する契約締結前交付書面の内容というのはご存じかと思いますが、株式というのは価格が変動しますとか、そういうことが書いてあるだけです。そうすると、投資信託証券についてもそれぐらいの内容でいいというふうにおっしゃっているのかどうか、そこが知りたかったのです。

松尾（直）報告者 そこまでの制度設計は考えてないのですけれども、今の質問をいただいて思いつくのは、投資信託の目論見書の交付義務は、同じ世帯とか、既に持っている人には交付しなくていいとか、今でも例外がありますよね。それと同じ制度を契約締結前交付書面制度のところでつくればいいわけです。

松尾（健）委員 今のお話を伺っていて、少しわかりにくくなったのですけれども、先生のご見解でも、直接開示は、かなり詳細に、目論見書で要求されるようなものは締結前交付書面で開示させてエンフォースメントを行政処分という形でやるということだとすると、違ってくるのは、公衆縦覧されるところがなくなるということかと思います。それによって、発行者・運用者にとって、どの程度負担の軽減になるのかというのをお教えいただきたいのです。

松尾（直）報告者 これは特に外国の発行者は大幅な負担軽減となります。有価証券届出書、有価証券報告書を出すのはものすごくコストがかかるのです。実務的にはそうです。

松尾（健）委員 でも、日本語の契約締結前の書面は必要になるのですね。

松尾（直）報告者 必要ですけれども、多分、記載事項が少ない。

松尾（健）委員 目論見書に比べて記載事項は少なくするのですか。

松尾（直）報告者 そうだと思います。あと、有報が要らなくなる。毎年出さなければいけないからです。継続開示も大きいのです。有価証券届出書はものすごくかちっとつくるので、販売用資料よりはるかにコストがかかりま

す。弁護士ならわかると思います。あと、有価証券報告書もものすごくかちっとつくるから、外国にとってはコストが大きいです。

確かに国内にとってどうかというのはありますが、私が聞いているのは、訂正の制度があるそうです。非常につまらない話で、私は制度の立案者の感覚として、そんなことが起きているのかと思ったのですが、販売手数料の上限を書かないといけない制度になっている。違っていたらすみませんが、開示課が、例えば上限を３％として、実態は２％が最高だったら、２％の訂正を出せと言うらしいのです。本来はそんな訂正を出す必要はないと思います。上限が３％ならば、それを超えてはいけないだけで、上限にいかないといけないということではないのです。上限がなければいけないということではない。それはそういうことが開示制度に組み込まれているがゆえだなと思うのです。当局には悪いのですが、非常に形式的で下らないことをやって、そういう余計なコストがかかっているわけです。当局もそういうのをやめてほしい。それは開示制度に乗っかっているからだと思います。

研究者の方々に申しわけないのですが、実務ではひどい話がいっぱいあるのです。私はそれを何とかしたいから、かみ合わないと思うのですが、制度にさかのぼって、それから開示制度に乗っかっているのもおかしいのです。それをやめれば、そういう下らないことはなくなるのではないか。私の感覚だと、コストが減ると思います。販売資料制度にしたほうがいい。特に外国もそうなので、私みたいな投資家は、より幅広い商品にアクセスできるということを言いたい。そこは研究会なので、理論面から言っていて、業者規制でいいではないか。開示規制原理主義ではなくて、業者規制でできるところは業者規制でやりましょうという金商法の体系にさかのぼった議論をしているわけです。もっとさかのぼると、イギリスの金融サービス市場法は業者規制中心の法律なのです。

藤田委員 聞いているうちに何が何だかわからなくなってきたのですけれども、松尾先生の話は、最初は投信制度の報告としてずっと伺っていたのですが、業者規制によって開示制度を置きかえるという議論の射程はどこまで広

がるのでしょうか。聞いていると、投信に限定するロジックはどこにもないような気がしたものですから。またイギリスの現況の話もあったのですが、金融商品全部について、たとえば株式も含めてそういうふうにするという話なのでしょうか。それとも、投信に射程が限定される可能性があるとすれば、それはなぜなのか。世の中で困ったことがあるというのもあるかもしれないけれども、それ以外に、理屈として何かそういう方式を変える射程が明示されるロジックがあるのでしょうか。

松尾（直）報告者 それは投信に流動性がないからです。転々流通しませんもの。上場商品は別です。ここは理屈として、制度の積み重ねで、私もやや苦しいところがあるのですけれども、開示規制の考え方として、結局、二項有価証券を適用除外にしたと言いましたね。あれは転々流通性で見ているわけです。投信も一項有価証券だけれども、平成４年改正のときに一項有価証券のままにしたので、私法上の有価証券だから、転々流通性があるだろう。だから、一項になっていると思うのです。これは推測です。理論的には転々流通性はあるのです。でも、実態としてはないのです。

藤田委員 理論的には転々流通の可能性があるかもしれないから１項有価証券だけれども、実際にはないものについては、こういう形で開示規制ではなく業者規制に変えるのだというふうな解決策に結びつくのでしょうか。

松尾（直）報告者 ただ、理論的に苦しいのは自覚していて、さっき説明したように、第二項有価証券でも、マーケットに投資するものは、マーケットへの影響があり得るから、開示規制の対象にするという考え方があるのです。投信も確かにマーケットに投資するのです。そこは変わらない。そこが私の苦しさで、そこは批判されるのではないかと覚悟していたのです。今のご質問は、投信以外どうかというと、それはほかにも第一項有価証券であります。カバードワラントとか。私法上の有価証券でさえないのです。

大崎委員 今、松尾先生がおっしゃったことで思い出したのですが、確かに最近、機関投資家としての投資信託の保有資産の内容は、むしろ公衆縦覧開示すべきだという意見も強いですね。つまり、マーケットへの状況等もある

ので。今、例えばアメリカですと、年１回だったと思うのですが、それをもう少し頻度を上げるべきだとか。だから、なかなか簡単ではないなという感想です。

松尾（直）報告者 そこはむしろ教えていただきたいのですが、例えば公衆縦覧型開示を見る人というのは、公募型の場合、典型的にはアナリストみたいな方々ですね。そういう人たちは、やはり投信は公衆縦覧型開示があったほうがいいと思われているのでしょうか。

大崎委員 少なくともアクティブ型のファンドがどういったものを買っているかという情報に対しては関心がないかと言われたらあるでしょうね。

松尾（直）報告者 あるでしょうね。だから、そこが制度設計上、今、有価証券投資事業権利等が開示規制の対象になっていることと私の主張との整合性の問題が残っていて、投信を外すのなら、そちらも外すのか。でも、そうすると、公衆縦覧型開示へのニーズがあるからといって、そこまで制度設計としてなかなか踏み込めない。それは私もわかっているのですけれども、公衆縦覧型開示には余りにもコストがかかる。特に外国の人にとっては翻訳が要る。

　金融庁のホームページを見たら、英文報告制度があるというけれども、あれは非常に使い勝手が悪い。大崎先生もご存じのとおり、要約制度があるから、実務家は虚偽記載リスクを恐れて消極的です。結論は余り出ないのですが、私も自分の主張の弱点はよくわかっています。

神作会長 諸外国もそうですが、投資信託制度は、そもそも公募を念頭に置いた制度だと思うのですけれども、日本は私募投信も認めて、むしろ非常に重いたてつけの制度に公募以外のものも含め、それによって調整問題が発生している状況だと思います。そもそも、投資信託の私募を認めている点がおそらくほかの国々と大きく方向が違うのだと思います。

　そもそもそのような制度になっている理由の１つは、投信法７条で証券投資信託はこの法律によらないといけないと規制していることが大きいと思われますけれども、本日の松尾先生のご報告をお聞きして、そこのところから

議論を始めないと、なかなか問題の根本的な解決にもならないようにも思ったのですが、今の点についてはどのようなお考えでしょうか。

松尾（直）報告者 さっきも言ったように、なぜ開示規制の対象になったかという経緯を見ますと、ご指摘のとおり、私募投信の届出制度を投信法に取り込んだということが出発点にあるように思われるわけです。今のお話は、私募投信の届出制度をどうするか。私は完全になくせとは言いません。ただ、例外をもっとふやしてほしいということなのです。

岩崎会長（投資信託協会） 先ほどから何回も話題に出ました投資信託協会の岩崎でございます。

先ほどSGXの件の話を伺いましたが、実は私もこれを初めて読んで、そうだったんだということで、まことに恥ずかしい限りです。

先ほど協会が決めてこういうことを強いているのかという話でございますが、実は協会は、以前決めたルールを遵守するというのが1つのやり方でございます。しかし、現場からルールに対する要望が上がってきて、合理性があるのでしたら、そういうことについてどうするか会員と協議することは全くやぶさかではないということです。その意味で言うと、先ほど出ている意見がどういう形で我々のところに吸収できるのかというのも含めて、早速やってみたいと思っています。

それと、業者規制か開示規制かという話でございますが、要は、我々が協会として考えなければいけないのは、グローバルなコンペティションとどういう形でやっていくかというところが1つ大きなテーマになっています。その中には当然コストも入ってきますし、わかりやすさとか、安全性とか、いろいろなものが入ってきます。それはどういう形がいいのかという意味で言うと、もともと開示のところはなかったようなものも入ってきたという歴史もきょう教えてもらいましたし、業者規制が強いほうがより実効的なのだということでしたらば、そちらのほうがいいのかもしれません。そこは今出ているような法的な問題、どういうふうにするかという問題も多々あるでしょうから、それはぜひやっていきたいと思います。

例えばUCITSならUCITSでいいのですが、実はUCITSのファンドの目論見書は、マスターファンドのレベルでは、結構分厚いものがあるのですけれども、子ファンドレベルでは、投資家への交付義務があるのは、1枚もので、そのようなものでどんどん販売されているわけです。その意味でいうと、彼らは彼らなりにそういう利便性をうまくつくり込んでいる。そういうことで、我々も今後、日本の運用会社もしくは海外から来る運用会社の人たちに共有のプラットフォームをつくっていくことを考えていくというのも、我々の役割と思っています。
　神作先生、本日は大変ありがとうございました。

神作会長 貴重なご発言どうもありがとうございました。

　まだまだご議論も尽きないところかと思いますけれども、時間も参りましたので、本日の研究会を終了させていただきます。
　松尾先生、本日はどうもありがとうございました。
　次回の研究会は、お手元の議事次第にございますように、3月15日の午後3時から、加藤貴仁委員よりご報告いただく予定でございます。
　会場は、本日と同じく、太陽生命日本橋ビル8階の日証協の会議室でございます。
　なお、開始時間がいつもと異なって、午後3時からとなっておりますので、どうかご注意いただくようお願いいたします。
　それでは、本日の研究会はこれで閉会とさせていただきます。

報告者レジュメ

公益財団法人日本証券経済研究所
第7回金融商品取引法研究会
平成31年1月29日（火）　午後2時～午後4時
太陽生命日本橋ビル8階　日本証券業協会会議室
弁護士　松尾直彦

投資信託・投資法人関連法制に関する問題意識について

1．投資信託・投資法人関連法制に関する問題意識

(1) 投資信託受益証券への開示規制の適用の問題（金商法）

(2) 外国投資信託・外国投資法人届出制度の問題（投信法）

(3) 投資信託協会の自主規制規則の問題（金商法・独禁法）

2．証取法・金商法[1]の主要規制の考え方

(1) 伝統的な考え方

証取法における投資者保護の内容として、伝統的に、①「事実を知らされないことによって被る損害からの保護」、及び②「不公正な取引によって被る損害からの保護」が挙げられ、このための方法として、「ディスクロージャー制度の充実」及び「不公正取引の防止」という2つの大きな手段が考えられるとされてきた[2][3]。

---

[1] 以下、証券取引法を「証取法」といい、金融商品取引法を「金商法」といい、投資信託及び投資法人に関する法律を「証券投信法」といい、投資信託及び投資法人に関する法律を「投信法」といい、投資信託及び投資法人に関する法律施行令を「投信法施行令」といい、投資信託及び投資法人に関する法律施行規則を「投信法施行規則」といい、金融商品取引業等に関する内閣府令を「金商業等府令」という。

[2] 証券取引審議会特別委員会「『株主構成の変化と資本市場のあり方について』の審議内容取りまとめ（第4回中間報告）」（昭和51年3月18日）

[3] 鈴木武雄＝河本一郎『証券取引法〔新版〕』（有斐閣、1984）13頁～26頁では、「証券取引法の内容概観」として、①「証券取引法の目的物である有価証券における真実性を保障する制度」及び②「有価証券の取引の公正・円滑を保障するための制度」に大別された上で、上記②について、「主体の規制」（証券会社・証券業協会・証券取引所・証券金融会社・金融機関）、「証券取引自体の規制」、「その他の投資家保護の制度」及び「行政監督のための技術的諸制度」が挙げられていた。一方、神崎克郎『証券取引法〔新版〕』（青林書院、1987）5頁では、証券取引法の内容について、「情報開示の規制」、「証券取引機関の規制」及び「証券取引の規制」に大別されると説明されていた。

1

(2) 現代的な考え方

　金商法では、目的規定の金融商品取引法の内容について、現代化が図られ、目的を達成するための方策として、①企業内容等の開示制度の整備、②金融商品取引業を行う者に関する事項の定め、及び③金融商品取引所の適切な運営の確保等が挙げられている[4]。

　上記②から、金商法では、従来よりも、業者の不正・不当行為や破綻によって被る損害からの保護を図るための業者規制が重視されているといえる[5]。このため、金商法の内容について、情報開示制度（ディスクロージャー制度）、不公正取引の禁止及び業者規制に大別されると指摘されている[6]。

　また、金商法制では、集団投資スキーム持分に係る規制にみられるように、「仕組み規制」ではなく「業規制」が志向されている[7]。

3. 投資信託・投資法人関連法制の沿革

(1) 昭和23年証券取引法制定
- 「有価証券」としての「投資信託の受益証券」（同法2条1項7号）[8]
- 開示規制（同法第2章）の適用対象（同法3条参照）。

(2) 昭和26年証券投資信託法制定（議員立法）

(3) 昭和28年証券取引法改正
- 「有価証券」としての「証券投資信託の受益証券」（同法2条1項7号）[9]

---

[4] 三井秀範・池田唯一監修・松尾直彦編著『一問一答 金融商品取引法〔改訂版〕』（商事法務、2008）90頁。

[5] 上村達男教授は、「証券取引法上、証券会社は資本市場の機能を確保し、資本市場成立のための諸ルールを現実に血を通わせ息を吹き込む、もっとも中核的な責任と役割を負担する高度な専門業者であり、そのためにそうした使命にふさわしい規制の対象となる。‥‥証券会社の責務は多様な証券市場を担っていることから、まずは説明されるべきである。‥‥市場を担うべき必要不可欠な業者規制が飛躍的に強化されなければならない。」と指摘していた（上村達男「証券会社に対する法規制(1)」企業会計54巻12号（2002）81頁）。こうした業者規制の捉え方は、「信頼される証券市場を構築する上で、証券会社が担うべき市場仲介機能等の適切な発揮」のあり方について検討した金融庁「証券会社の市場仲介機能等に関する懇談会　論点整理」（平成18年6月30日）にも示されている。

[6] 黒沼悦郎『金融商品取引法』（有斐閣、2016）2頁～4頁。

[7] 松尾直彦「金融商品取引法制の制定過程における主要論点と今後の課題〔Ⅱ〕」商事法務1824号26頁（2008）。

[8] 昭和16年11月に、信託契約を基礎にした我が国最初の投資信託が野村証券によって募集を開始されたところ、これは、野村証券を委託者とし、野村信託を受託者としたもので、イギリスのユニット・トラストに範をとったものである（神崎・前掲（注3）100頁）。

[9] 証取法2条1項7号は、「投資信託の受益証券」から「証券投資信託の受益証券」に改正された。

- 証券投資信託の受益証券に係る開示規制（同法第2章）の適用除外（同法3条参照）[10][11]。
- 外国証券投資信託の受益証券（同法2条1項8号）は開示規制の適用対象（同法3条参照）

(4) 昭和28年証券投資信託法改正
- 委託会社の登録制から免許制への移行（同法6条）
  （昭和34年～36年における証券会社と委託会社の分離[12]）
- 委託会社の役員の兼職制限

(5) 昭和42年証券投資信託法改正[13]
- ファミリーファンド方式による親ファンドの証券投資信託みなし規定の新設（同法2条の2）
- 委託会社の行為準則の強化（同法17条）
- 委託会社による議決権等の指図行使規定の新設（同法17条の2）
- 営業年度制度及び営業報告書制度の創設（同法18条の2、18条の3）
- 委託会社による説明書制度の創設（同法20条の2）
  （「証券投資信託の受益証券の目論見書について」（大蔵省理財局昭和28年8月通達）の廃止）
- 証券投資信託協会制度の創設（同法24条の2～28条の2）

(6) 平成4年金融制度改革法による法整備
- みなし有価証券制度（証取法2条2項各号）の整備

---

[10] 「貸付信託の受益証券」（証取法2条1項7号）も開示規制の適用除外とされた。

[11] 鈴木＝河本・前掲（注3）104頁では、開示規制の適用免除証券について、「金融債券・出資証券・貸付信託の受益証券などの有価証券は、特別の法律によってその発行につき監督官庁への届出またはその認可を要求されるなど、別途その監督をすることとしているため、とくに開示をさせる必要はないという考え方に基づく。」と説明されていた。また、神崎・前掲（注3）167頁・168頁では、「証券投資信託の受益証券については、証券投資信託法によって、委託会社が大蔵省令で定める事項を記載した説明書を作成して、受益証券を取得しようとする者の利用に供しなければならないこととされているので（投信法20条の2第1項）、その募集のための特別の情報開示は、必要とされている。…大蔵大臣は、証券投資信託の受益証券の募集または販売を取扱う証券会社に対しては、その業務方法書に、『国内の証券投資信託受益証券を顧客に取得させる場合には証券投資信託法に規定する説明書を当該顧客にあらかじめまたは同時に交付する』ことを記載させている。」と説明されていた。

[12] 神崎・前掲（注3）105頁参照。

[13] 佐々木功『証券投資信託法』（第一法規，1977）参照。

- みなし有価証券も開示規制の適用対象[14]
- 資産金融型証券(「特定有価証券」)の特性に即したディスクロージャー制度の整備[15]

(7) 投資信託研究会「今回の投資信託の在り方について―投資者の立場に立った改善の方向」[16]
- 投資信託の商品性の多様化・明確化
- 投資信託の運用の安定性の確保
- 投資信託の投資対象と余資運用
- 投資信託の情報公開
- 委託会社の独立性
- 外国投資信託に関する諸問題
- 新規参入問題

(8) 投資信託研究会「投資信託の改革に向けて―期待される機能、役割の発揮のために―」[17]
- 信託約款の個別承認
- ディスクロージャーの充実

---

[14] 証券取引審議会基本問題研究会ディスクロージャー小委員会報告「ディスクロージャー制度の見直しについて」(平成3年4月26日)では、「新たな有価証券概念の採用に伴うディスクロージャーの整備」について、①「適用除外についての考え方」として、「今後、証券化関連商品を含めた新たな有価証券のディスクロージャーについては、ディスクロージャー制度が、証券の安全性等について判断しうるよう適正な情報を開示するという趣旨から行われていることを考慮し、その適用除外の対象とするのは、証券取引法のディスクロージャー規制と同様又は類似の規制が別途行われ、実質的に同等の投資者保護が図られているような場合、あるいは投資者保護上問題がないと考えられるような場合とすることが適当であると考えられる。」とされ、また、②「証券化関連商品に係るディスクロージャーの整備」に係る「基本的考え方」として、「ディスクロージャー制度を証券化関連商品にどのように適用していくかが問題となるが、この点について、第一部会報告は、制度の考え方、方法、内容等については、共通の原則で律することが可能であるとの考え方を示している。このような考え方を踏まえ、証券化関連商品に係るディスクロージャーの整備については、資産金融型証券の特性等に留意しつつ、基本的には、現行のディスクロージャー制度の枠組みを可能な限り活用する方向で検討していくことが適当であると考えられる。」とされていた。

[15] 荒巻健二「証券取引法におけるディスクロージャー制度の改正」商事法務1295号25頁(1992)。従前の「外国投資信託証券の発行者の内容等の開示に関する省令」が全面改正されて「特定有価証券の内容等の開示に関する省令」が公布され、また、外国投資信託証券の開示についても見直しが行われ、主に会社型の外国投信を念頭に規定されていた開示様式について、契約型の外国投信にも対応できるよう用語等の整備などが行われた(清水一夫「ディスクロージャー制度の改正に関する解説〔3〕」商事法務1327号22頁・23頁)。

[16] 村上和也「今後の投資信託のあり方―投資信託研究会における検討結果の概要―」商事法務1187号34頁(1989)参照。

[17] 榊原隆「投資信託の改善方策について―投資信託研究会報告書『投資信託の改革に向けて―期待される機能、役割の発揮のために―』の概要―」商事法務1362号21頁(1994)及び同「投資信託改革の具体的方策の概要」商事法務1379号4頁(1995)参照。

- 公正取引ルールの整備
- 資産運用・収益分配等についての規制緩和
- 投資信託の設定・運用及び販売のあり方の見直し
- パフォーマンス評価の確立
- 会社型投信信託
- 私募投資信託
- 外国投資信託
- 投資信託委託業務と投資一任業務の併営等

(9) 平成10年金融システム改革法による法整備[18]

- 「証券投資信託及び証券投資法人に関する法律」への題名変更
- 会社型投資信託（証券投資法人）制度の導入
- 私募投信制度の導入
- 外国投信制度の導入
- 開示規制の適用対象化[19][20][21][22]
- 証券投資信託の信託約款の事前承認制から事前届出制への移行
- 証券投資信託委託業の免許制から認可制への移行
- 証券投資信託委託業者の兼業規制の緩和
- 信託財産の運用指図権限の外部委託制度の導入
- 銀行等の投資信託の窓口販売の導入

---

[18] 茶谷栄治「金融システム改革のための関係法律の整備等に関する法律の解説」商事法務1503号18頁（1998）及び森田章「資産運用手段の多様化」ジュリスト1145号5頁（1998）参照。

[19] 「証券投資信託又は外国証券投資信託の受益証券」（証取法2条1項7号）及び「投資証券又は外国投資証券」（同項7号の2）は開示規制対象とされた一方、「貸付信託の受益証券」（同項7号の3）に係る開示規制の適用除外は維持された（同法3条）。

[20] 神崎克郎神戸大学教授監修・日興証券法務部編「ディスクロージャー関係の改正（その3）」商事法務1532号30頁（1999）では、「証券投資信託受益証券に対する証取法開示規制の適用」とされている。

[21] 証券取引審議会「証券市場の総合的改革〜豊かで多様な21世紀の実現のために〜」（平成9年6月13日）及び証券取引審議会総合部会ワーキング・パーティー報告書（同年5月16日）では、当該事項は直接的には取り上げられていない。一方、証券取引審議会総合部会投資対象ワーキング・パーティー報告書「魅力ある投資対象」3頁では、「私募投資信託を証券投資信託法に明示的に位置付け、制度化することが適当と考えられる。但し、私募投資信託の性格に着目すれば、運用規制やディスクロージャー等の面においては、現行法に基づく各種ルールをそのまま適用することまで求める必要性は必ずしもない。・・・現行投資信託制度や関連諸法制との関係を踏まえ、私募投資信託固有に適用されるべきルールの整備を行う必要があるものと考える。」とされている。

[22] 小野傑・神田秀樹ほか「座談会　金融システム改革をめぐる法的諸問題」金融法務事情1522号46頁（1998）において、神田教授は、「この新しい証券投資信託法では、いわゆる私募投資信託というのを認める・・・ディスクロージャーについては、証取法のほうの私募の規定でディスクローズはしなくてもよろしいと。いわゆる私募投資信託の導入です。このようにディスクロージャーは全部証取法のほうへ行くという、これもかなり画期的な（実は昔はそうだったのですが）話です。」と指摘している。

(10) 平成 12 年証券投信法改正[23]

- 「投資信託及び投資法人に関する法律」（以下「投信法」という。）への題名変更
- 「特定資産」制度の導入
- 不動産投資信託（REIT）の許容
- 「委託者非指図型投資信託」制度の創設
- 投資信託委託業者の善管注意義務規定及び行為準則の整備
- 投資法人債制度の創設

(11) 平成 18 年金融商品取引法制の整備[24]

- 業者規制の金商法への移行と投信法「仕組み」規制法化
- 「証券投資信託」の定義の見直し（第一項有価証券への対象限定化）
- 短期投資法人制度の創設
- 外国投資信託・外国投資法人の届出の適用除外制度の整備
- 有価証券の「流動性」に着目した開示制度の整備
- みなし有価証券（金商法 2 条 2 項各号）の開示規制適用除外の原則（同法 3 条 3 号）[25][26]

---

[23] 森田章「投資信託及び投資法人に関する法律」江頭憲治郎・岩原紳作編『あたらしい金融システムと法』（ジュリスト増刊）8 頁（2000）参照。

[24] 三井・池田監修・松尾編著・前掲（注 4）440 頁〜452 頁参照。

[25] 金融審議会金融分科会第一部会報告「投資サービス法（仮称）に向けて」（平成 17 年 12 月 22 日）では、「流動性に乏しい有価証券」について、「譲渡性が制限されていることなどにより流通の可能性に乏しい投資商品のうち、例えば、その所有者が一定の範囲に留まり、当該所有者が特定できるようなものについては、有価証券報告書などの開示書類を公衆縦覧に供する必要性に乏しく、その情報をむしろ直接提供する方が開示の徹底が図られると考えられることから、このような考え方に沿って開示制度を整備することが適当と考えられる。」とされていた。この点について、谷口義幸・野村昭文「企業内容等開示制度の整備」商事商務 1773 号 40 頁（2006）では、「有価証券とみなされる金商法 2 条 2 項各号に掲げる権利（以下「集団投資スキーム権利等」という）は、有価証券の券面が発行されないこと等から、一般的に流動性に乏しく、その情報を公衆縦覧により広く開示する必要性は低いものと考えられる。このため、集団投資スキーム権利等については、原則として、開示規制（金商法 2 章）を適用しないこととした（金商法 3 条 3 号）」と説明されている。

[26] これに対し、黒沼・前掲（注 6）64 頁では、「流通性に乏しければその分リスクが大きいから、情報に基づいた投資判断をみなし有価証券の取得者に行わせる必要性が増すのであり、流通性に乏しいことはディスクロージャーを免除する理由にはならない」と指摘されている。

- 「有価証券投資事業権利等」の開示規制の適用対象化（同号）[27][28]
- 事業型ファンドに係る販売規制（契約締結前交付書面の当局提出）による対応（同法37条の3）[29][30]

(12) 平成25年改正[31]

- 受益者書面決議制度の見直し
- 交付運用報告書制度の導入
- 有価証券届出書制度の特例としての「募集事項等記載書面」制度の導入
- MRFに係る損失補塡禁止の適用除外化
- 自己投資口取得の許容
- 新投資口予約権制度の導入
- REITのインサイダー取引規制の対象化

---

[27] 谷口＝野村・前掲（注23）43頁では、「ファンドの持分に係る開示制度」について、「主として有価証券に対する投資を事業とする集団投資スキーム権利等についての情報は、その集団投資スキーム等への直接の出資者はもとより、証券市場における他の投資者の投資判断にとっても重要な情報であることから、その投資運用の状況等の情報について定期的に開示させる必要性が高いと考えられる。このため、主として有価証券に対する投資を事業（注6）とする集団投資スキーム権利等については、開示規制の対象とすることとした（金商法3条3号）」と説明されている。

[28] これに対し、黒沼・前掲（注6）64頁では、「有価証券投資事業権利を適用除外としなかったのは、いわゆる投資ファンドに関する情報が当該ファンドの出資者はもとより、証券市場における他の投資者の投資判断にとっても重要な情報だからであると説明されている…。しかし、ファンドに関する情報が出資者にとって重要なのは事業ファンドでも変わりがないし、ディスクロージャー制度は、投資ファンドの投資対象となる上場株式の発行者や当該上場株式へ投資する者の利益を図るための制度ではないはずである」と指摘されている。

[29] 神田秀樹ほか「座談会　新しい投資サービス法制―金融商品取引法の成立―」商事法務1774号16頁（2006）〔松尾直彦発言〕では、「事業型ファンドについても、販売勧誘ルールである契約締結前の書面交付義務を通じて、投資者に直接情報が提供されるとともに、当局としても特に規模が大きいものは把握する必要があるのではないかということから、37条の3第3項において、一定のものについてはあらかじめ金融商品取引契約にかかる契約締結前の書面の内容を内閣総理大臣に届け出なければならないことで義務を課しており、公衆縦覧には課されませんけれども、当局は一定規模以上のものは把握できるようにしておくということにしています。」と説明されている。また、松尾直彦「金融商品取引法制の制定過程における主要論点と今後の課題〔Ⅱ〕」商事法務1824号23頁・24頁（2008）では、「公衆縦覧型情報開示（いわゆる間接開示）規制の目的が、『資本市場の機能の十全な発揮による金融商品等の公正な価格形成等を図る』ため、直接的には有価証券に係る市場に対する情報提供であると考えるならば…、有価証券に係る市場（およびそれを通じた幅広い投資者）に対して情報提供する必要性が低い場合には、公衆縦覧型情報開示ではなく、投資者に対する直接の情報提供（いわゆる直接開示）によって投資者保護を図ることとすることに十分な合理性があるものと考えられる」と説明されている。

[30] これに対し、黒沼・前掲（注6）65頁では、「契約締結前交付書面の虚偽記載に対する特別の民事責任規定や課徴金制度の適用はなく罰則も軽いので、ディスクロージャー制度と同等の投資者保護の実効性があるとはいえない」と指摘されている。しかしながら、金融商品取引業者等に対しては行政当局による各種監督措置が可能であり、エンフォースメント（法の実現）の手段としては、より実効性が高いともいえる。

[31] 有賀正宏・大谷潤ほか「投資法人の資金調達・資本政策手段の多様化等」商事法務2013号30頁及び宮本孝男ほか「投資信託・投資法人法制の見直し」商事法務2045号88頁参照。

4．投資信託・投資法人に関する金商法・投信法の調整[32]

(1) 直接開示と業者の行為規制の調整
①概要
　金商法における金融商品取引業者等の顧客への契約締結前交付書面の交付義務（法37条の3第1項本文）は、間接開示を踏まえたものではないことから、情報開示制度としてではなく、業者の行為規制として位置づけられているが、金融商品・取引に関する重要事項の情報提供義務（説明義務）として、発行開示における直接開示と同様の機能を有する。

　このことから、両者の調整が図られており、販売・勧誘時に目論見書交付により契約締結前交付書面と同等の情報提供が確保されている場合には、契約締結前交付書面の交付義務が適用除外されている（同項ただし書、金商業等府令80条1項3号）。

　一方、金融商品取引業者等の運用財産についての運用報告書の権利者への交付義務（法42条の7第1項本文）は、継続開示における直接開示的な機能を有するが、継続開示では直接開示制度が設けられていないことから、調整は行われていない。

②開示規制と行為規制の関係
　平成18年証取法改正により導入された概念である「第二項有価証券」については、私募・私売出しの範囲が広い（法2条3項3号・4項3号）ことから、開示規制よりも業者の行為規制による直接開示機能が重視されているといえる。

　一方、その後に平成20年金商法改正により導入された特定投資家私募制度及び特定投資家私売出し制度の導入に伴って新設された特定証券情報制度及び発行者情報制度では、私募・私売出しなどの場合についても政令指定すればその対象とすることができる（法27条の31第1項。ただし当該政令指定は行われていない。）ことから、むしろ開示規制による直接開示機能が重視されているといえる。外国証券情報制度においても、金融商品取引業者等が外国証券売出しにより有価証券を売り付ける場合の行為規制として定められており（法27条の32の2）、同様の趣旨であるといえる。

　このように金商法では、投資者への直接開示機能を開示規制と業者の行為規制のいずれにより対応するかについては、必ずしも整合的なものとなっていない。

(2) 金商法の開示制度と投信法の開示制度の調整
①開示制度における投資信託の受益証券などの取扱い
　証券投資信託の受益証券について、平成10年証取法改正（金融システム改革法）前には、開示規制の適用除外とされていたが、当該改正により、投資者に対する開示を一層徹底する観点から、開示規制の対象とされた。

---
[32] 松尾直彦『金融商品取引法〔第5版〕』（商事法務、2018）111頁～113頁。

このため、投資信託委託会社及び投資法人は、投資信託の受益証券及び投資法人の投資証券の募集・売出しを行う場合には、有価証券届出書の提出義務、その後の有価証券報告書などの継続開示書類の提出義務及び投資者への目論見書の作成・交付義務を負う。

②直接開示との調整

投信法では、金融商品取引業者による投資信託約款の内容等を記載した書面の受益証券を取得しようとする者への交付義務（同法5条）及び投資法人の募集投資口の引受けの申込者への通知義務（同法83条）が定められている。これらは、発行開示における直接開示と同様の機能を有する。そこで、金商法上の目論見書を交付している場合には、これらの義務の適用除外とされている（投信法5条1項ただし書、83条5項）。

また、投信法では、投資信託委託会社による投資信託財産についての運用報告書の受益者への交付義務（同法14条1項本文）が定められており、これは継続開示における直接開示機能を有する。これについては、金商法上の運用報告書の交付義務（法42条の7）が適用除外されることにより、調整が図られている（投信法14条7項）。

なお、投信法では、投資法人による資産運用報告の本店への備置きと投資主・債権者の閲覧請求制度が定められている（同法132条、会社法442条3項・4項）。

③間接開示との調整

金融商品取引業者は、投資信託契約を締結しようとするときは、事前に投資信託約款を財務局長等に届け出る義務を負う（投信法4条1項）。また、投資信託委託会社は、運用報告書を財務局長等に届け出る義務を負い（同法14条3項）、登録投資法人は、営業報告書とともに資産運用報告などを財務局長等に提出する義務を負う（同法212条、投信法施行規則256条2項）。

これらは、あくまでも行政当局への届出義務であって、「公募」（投信法2条8項）のみならず「私募」（同条9項・10項）の場合にも適用され[33]、開示制度ではないが、行政当局への情報提供という点では、有価証券届出書や有価証券報告書の財務局長等へ

---

[33] なお、米国投資会社法は、「100名以下に所有されていて公募を行わず、行おうともしていない、あるいは専ら適格購入者により所有され公募を行っていない場合」などは投資会社法の適用外と規定しており、また、欧州 UCITS 指令は「公衆に対し積極的に販売することを行わないで資本調達をするファンド」は同指令の適用外と規定しており、別途「USITS 指令に基づく認可を受けたファンド以外の集団投資事業」（ヘッジファンド等）について「オルタナティブ投資運用者指令（AIFMD）」を2014年に施行している（杉田浩治『投資信託の制度・実態の国際比較』（公益財団法人日本証券経済研究所、2018）9頁）。

の提出と同様の機能を有する。しかしながら、両者の調整は行われていない[34]。

　外国投資信託受益証券および外国投資証券の「募集の取扱い等」（私募の取扱いや私募も含まれる。法26条1項、令24条）が行われる場合における発行者の届出義務が定められている（投信法58条、220条）。「アジア地域ファンド・パスポート（ARFP）」制度（2016年6月発効）[35]に基づく「ARFPファンド」も届出対象となる[36]。

　ただし、金融商品取引所に上場される外国投資信託受益証券及び外国投資証券の募集の取扱い等については、投信法上の財務局長等への事前届出義務が免除されている（同法58条1項かっこ書、220条1項かっこ書、投信法施行令30条1号、128条1号）。当該外国投資信託受益証券については、運用報告書の作成・交付義務が免除されている（投信法59条による同法14条の準用の適用対象外）。また、外国投資証券については、そもそも運用報告書の作成・交付義務が定められていない。このように上場の外国投資信託受益証券及び外国投資証券の募集の取扱い等については、開示制度のみが適用され、調整が図られた結果となっている。

5．外国投資信託・外国投資法人届出制度

(1) 趣旨

　外国投資信託の届出（投信法58条1項）及び外国投資法人の届出（投信法200条1項）の趣旨は、外国投資信託の受益証券又は外国投資証券が国内において流通することとなる場合には、投資者保護を図る観点から規制当局においてその実態を把握する必要があるため、必要な情報の届出を発行者に求めることになると考えられる[37]。

(2) 届出義務の適用除外の範囲

---

[34] なお、杉田・前掲（注33）74頁・77頁では、「発行開示（募集時開示）」について、「監督当局向けと公衆縦覧型については、監督当局に対し届出書（欧州にあっては認可申請書）を提出する点は共通している。すなわち、日本については金商法に基づく有価証券届出書の提出と、投信法に基づく信託約款の届出、米国にあっては投資会社法に基づく登録届出書の提出および証券法に基づく有価証券公募の届出書の提出（投資会社法、証券法の規定により様式はFORM N1-Aとして一個にまとめられている）である。」とされ、また、「継続開示（運用中開示）」について、「監督当局向けと公衆縦覧型については、監督当局に対し年次・半期報告書等を提出することは共通している。すなわち、日本については金商法に基づく有価証券報告書と半期報告書の提出、投信法に基づく運用報告書の提出、米国にあっては投資会社法に基づく半期報告書（Form N-SAR）、年次の議決権行使記録報告書（Form N-PX）、4半期毎の保有証券報告書（Form N-Q）の提出、欧州にあっては投資家向け年次報告書、半期報告書の提出である。」とされている。

[35] 金融庁「アジア地域ファンド・パスポートの協力覚書の署名について」（平成28年4月28日）。また、金融庁「アジア地域ファンド・パスポートの創設及び実施にかかる協力覚書に基づく、輸出ファンドの登録申請及び輸入ファンドの認証手続き等に関する実施要領」（平成29年12月）及び寺田泰「アジア地域ファンド・パスポートについて」ファンド情報232号（2016）（金融庁HP掲載）参照。

[36] 「ARFPガイダンス（Guidance on Host Economy Laws and Regulations relating to the Asia Region Funds Passport）」（金融庁HPリンク）参照。

[37] 金融庁「コメントの概要及びコメントに対する金融庁の考え方」（平成19年7月31日）589頁No.1。

外国投資信託・外国投資法人に係る届出義務については、以下の場合が適用除外とされている（投信法58条1項、220条1項、投信法施行令30条、128条、投信法施行規則94条、94条の2、259条、259条の2）[38]。

① 金融商品取引所上場の外国投資信託受益証券・外国投資証券の募集の取扱い等（投信法施行令30条1号、128条1号）[39]

② 第一種金融商品取引業を行う者が行う株価指数連動型 ETF（投信法施行令12条2号）（上場投資信託等）に類する外国投資信託受益証券・外国投資証券に係る一定の行為（投信法施行令30条2号、128条2号、投信法施行規則94条、259条）[40][41]

③ 第一種金融商品取引業を行う者が適格機関投資家を相手方とし、又は適格機関投資家のために行う外国金融商品市場における上場外国投資信託受益証券・外国投資証券に係る一定の行為（投信法施行令30条3号、128条3号、投信法施行規則94条の2、259条の2）[42][43]

---

[38] 松尾直彦・松本圭介編著『実務論点 金融商品取引法』（金融財政事情研究会、2008）236頁・237頁。

[39] 国内の取引所に上場されている外国投資信託の受益証券又は外国投資証券については、金商法上の開示規制（有価証券届出書の提出義務等）により当局への情報提供がなされ、取引所の上場審査により商品の適正性が確保されると考えられることによる（金融庁・前掲（注37）590頁No.4）。

[40] 株価指数連動型外国 ETF については、国内当局が必要な情報を把握することが比較的容易であり、外国の取引所の上場審査等により商品性について一定の適正性が確保されると考えられることによる（金融庁・前掲（注37）590頁・591頁No.4）。

[41] 上場外国不動産投資信託（REIT）は、投資対象が個別性の強い不動産であること等により国内当局による情報把握が必ずしも容易でないため、国内当局として予めどのような商品が取り扱われているか把握する必要があることから、適用除外とされていないれ（金融庁・前掲（注37）590頁・591頁No.4）及び（金融庁「提出されたコメントの概要とコメントに対する金融庁の考え方」（平成20年6月26日））。

[42] 当該内閣府令事項は、平成20年12月12日に施行されたものであり、外国金融商品市場に上場されている外国投資信託については、その商品性について、外国の取引所の上場審査が行われ、その商品に係る情報が取引所において提供されていることが通常と考えられ、その上で、当該外国投資信託を購入できる者を適格機関投資家に限定するとともに、転売を制限することによって、投資者保護が図られると考えられることから、外国投資信託の届出を適用除外とされている（金融庁「コメントの概要及びコメントに対する金融庁の考え方」（平成20年12月2日）37頁No.1）。株価指数連動型であることは求められておらず、上場外国不動産投資信託（REIT）は当該要件を満たす（同頁No.2）。外国金融商品市場に上場されていない外国投資信託については、上記の要素が備わっているとは限らず、投資者保護の観点から、監督当局として当該外国投資信託の実態を適切に把握する必要があることから、届出義務を適用除外することは適当ではなく、いと考えられる

[43] 外国金融商品市場に上場されていない外国投資信託については、上記の要素が備わっているとは限らず、投資者保護の観点から、監督当局として当該外国投資信託の実態を適切に把握する必要があることから、届出義務を適用除外することは適当ではなく（金融庁・前掲（注42）37頁No.1）、また、外国投資信託について金融商品取引業者同士が取引をしたり、適格機関投資家との売買並びに売買の媒介、取次ぎ及び代理が行われる場合には、国内での流通性が高まり、一般投資家へ流通する可能性も高まること等から、投資者保護上、監督当局として適切にその実態を把握する必要があるため、届出義務を適用除外することは適当ではないと考えられる（金融庁・前掲（注42）37頁・38頁No.1及びNo.2）。

(3) 外国投資信託受益証券に係る運用報告書の作成・交付義務

届出がされた外国投資信託の受益証券の発行者は、運用報告書の作成義務及び「知れたる受益者」への交付義務を負う（投信法59条、14条、投信法施行令31条）。

(4) 外国投資信託受益証券に係る変更届出義務

届出がされた外国投資信託の受益証券の発行者は、外国投資信託約款等（外国投資信託の信託約款又はこれに類する書類）を変更しようとする場合、又は、委託者指図投資信託の併合をしようとする場合、事前届出義務を負う（投信法59条、16条、投信法施行令31条）。

6．投資信託協会の自主規制規則と独禁法

(1) 一般社団法人投資信託協会（認定金融商品取引業協会）の規則制定権
①金商法
- 「会員及び金融商品仲介業者の有価証券の売買その他の取引の勧誘の適正化に必要な規則の制定その他の業務」（金商法78条2項7号）
- 「前各号に掲げるもののほか、金融商品取引業の健全な発展又は投資者の保護に資する業務」（同項9号）

②一般社団法人投資信託協会定款・業務規程
- 「正会員の行う金融商品取引業等に係る業務の適正化に必要な業務のため必要な規則（理事会決議を含む。）の制定その他の業務」（定款4条1項6号）
- 「前各号に掲げるもののほか、投資者に対する広報その他この法人の目的を達成するために必要な業務」（同項13号）
- 「本会は、正会員が行う投資信託及び投資法人に係る金融商品取引業等に係る業務の適正化に必要な業務のため必要な規則（理事会決議を含む。）の制定、改正又は廃止その他の業務」（業務規程15条1項）

(2) 投資信託協会（認定金融商品取引業協会）の規則
- 投資信託等の運用に関する規則
- MMF等の運営に関する規則
- 投資信託に関する会計規則
- 投資信託財産の評価及び計理等に関する規則
- 不動産投資信託及び不動産投資法人に関する規則
- インフラ投資信託及びインフラ投資法人に関する規則
- 受益証券等の直接募集等に関する規則
- 店頭デリバティブ取引に類する複雑な投資信託に関する規則

- 投資信託及び投資法人に係る運用報告書等に関する規則
- 交付目論見書の作成に関する規則
- 広告等の表示及び景品類の提供に関する規則
- 苦情及び紛争の解決のための業務委託等に関する規則
- 投資信託及び投資法人に係る報告に関する規則
- 投資信託の基準価額の連絡、発表等に関する規則
- 正会員の業務運営等に関する規則
- 役職員等が自己の計算で行う株式等の取引に係る運営に関する規則

(3) 自主規制機関と独禁法の適用に係る概要[44]

「私的独占の禁止及び公正取引の確保に関する法律の適用除外等に関する法律」（以下「独禁法適用除外法」という）（昭和22年法律138号）2条2号へでは、独禁法8条の事業者団体規制は、証取法の規定に基づいて設立された団体に対しては適用しないとされていた。しかし、独禁法適用除外法は、「私的独占の禁止及び公正取引の確保に関する法律の適用除外制度の整理等に関する法律」（平成11年法律80号）により、廃止された。そして、同法により、「この法律の規定は、私的独占の禁止及び公正取引の確保に関する法律の適用を排除し、又は同法に基づく公正取引委員会の権限を制限するものと解釈してはならない。」とする証取法195条の2の規定も削除された。

したがって、現行では、認可協会にも事業者団体として独禁法の諸規定が適用されることから、価格規制を行わないなど、自主規制の策定・運用にあたって競争制限的にならないよう配慮が必要となる。

(4) 日本証券業協会による整理

①日本証券業協会「自主規制規則のあり方に関する検討懇談会　中間論点整理」（2010年6月29日）

「日証協の自主規制については、法律（金商法）上明確に位置付けられ、また、自主規制の内容が投資者保護を目的としており、法令上の根拠や所管官庁によるチェック等により自主規制の内容や運用の合理性が担保されていることから、今後、日証協が金商法に基づき、能動的に厳格な自主規制業務を推進した場合において、基本的には、独禁法上の問題は生じないのではないかとの意見も提起されたが、独禁法との関係により金商法等で認められた権能を行使できない場合が生じるとすれば、自主規制の目的を達成することに制約が生じることになる。したがって、今後、金商法に基づく自主規制と独禁法との関係について、行政当局その他適切な場において、一定の整理が行われることを期待したい。」

②日本証券業協会「自主規制規則のあり方に関する検討懇談会—これまでの対応状況について（最終報告）—」（2012年6月8日）

---

[44] 松尾・前掲（注32）480頁。

「自主規制と独占禁止法との関係
　本件についても独占禁止法等に深く関わる問題であり、・・・海外における状況を参考とする趣旨から、米国における競争制限法制（反トラスト法と証券法・自主規制との関係など）について、学識経験者に対して学術的な調査・研究を委託した。
　その結果として、概要以下のとおり、調査研究の報告を受けた（報告書は別紙 2 参照。）。
　「米国の証券業における自主規制と競争法（反トラスト法）との関係」
　　　　　　　　　　　　　　　京都学園大学法学部教授　村田淑子殿」

③CFD 規制の展開

- 平成 21 年 4 月
  日本証券業協会「証券 CFD 取引ワーキング・グループ」の設置
- 平成 21 年 10 月 16 日
  日本証券業協会「証券 CFD 取引ワーキング・グループ中間報告書」の公表
- 平成 21 年 11 月 13 日
  金融庁政務三役「金融・資本市場に係る制度整備について」
  「（別紙）検討項目
  　（略）
  　投資家保護・取引の公正の確保
  　　・デリバティブ取引等に係る公正の確保等」
- 平成 21 年 12 月 17 日
  金融庁「金融・資本市場に係る制度整備についての骨子（案）の公表及び同骨子（案）に係る御意見の募集について」
  「近年、店頭 FX 取引と類似する証券 CFD 取引が個人に広がりを見せており・・・」
  「取引所取引を含むデリバティブ取引一般を不招請勧誘の禁止の対象とすべきかどうかについて、市場関係者や利用者と引き続き意見交換を行い、本年前半を目途に結論を得るよう検討を進める。」
- 平成 22 年 1 月 18 日
  日本証券業協会「『CFD 取引に関する規則』の制定について（案）」のうちの「CFD 取引に関する規則（案）の解説」
  「レバレッジ規制をはじめとする規制は、商品性を制約する要因の一つとなる。このためレバレッジ規制に関しては、過度な高レバレッジ取引の提供の防止を主眼とし（明らかに合理性を欠くと考えらえる水準を上限とし）、その範囲内での自由競争を確保し、各社の経営努力を排除せず、投資家に対する魅力を損なわないような水準にすべきだという意見が出された。」（同 7 頁・8 頁）
  「レバレッジ規制には、前述の投資家保護・取扱会社の健全性確保・過当投機防止への効果が期待できる反面、場合によってはそれが実質的な競争制限行為となり投資家の利益を損なう虞もある。このため自主規制団体としては、規制が過度にな

らずかつ実効性を有するよう、効果と合理性を立証し必要な範囲内であることの確認を行うなど、策定プロセスに時間的な制約が生じることもある。

　以上から、適正な水準について前述の 4 つの考え方で合意されつつも、個人向けレバレッジ商品に対する公的規制の今後の状況等も踏まえたうえで、中間報告書では具体的数値についてはなお議論が必要であるとしていたところ、金融庁より「金融商品取引業等に関する内閣府令等の一部を改正する内閣府令（案）」（2009.10.16）が公表されることとなった。…

　これによって本ワーキングにおいて自主規制を検討していた事項が法令により規制されることとなった。」（同10頁・11頁）

- 平成22年1月21日

　金融庁「金融・資本市場に係る制度整備について」

　「近年、店頭FX取引と類似する証券CFD取引が個人に広がりを見せており…」

　「取引所取引を含むデリバティブ取引一般を不招請勧誘の禁止の対象とすべきかどうかについて、市場関係者や利用者と引き続き意見交換を行い、本年前半を目途に結論を得るよう検討を進める。」

- 平成22年3月16日

　日本証券業協会「『CFD取引に関する規則』の制定及び『協会員の従業員に関する規則』等の一部改正について」

- 平成22年10月22日

　金融庁・個人向け店頭デリバティブ取引全般の不招請勧誘規制等対象化に係る政令案・内閣府令案の公表

- 平成22年12月21日

　金融庁・個人向け店頭デリバティブ取引全般の不招請勧誘規制等対象化に係る政令・内閣府令の公表（平成23年4月施行）

(5) 事例（SGX上場の日経225先物取引を組み込んだ投資信託における基準価格の時期）

(ア) 趣旨

　日本の投資信託業界では、現状、投資信託にシンガポール取引所（「SGX」という。）に上場されている日経225先物取引（SGX Nikkei 225 Index Futures。以下「SGX日経225」という。）を組み込んでいないようである。その理由として、仮に投資信託においてSGX日経225が取引された場合、日本の投資信託業界において当該取引は日本の翌営業日扱いとなり、当該投資信託の基準価格の評価に当たって、本来用いられるべき日本の当営業日におけるSGX日経225の価格ではなく、日本の当該翌営業日の価格が用いられることになってしまうとの実務的考え方があることによるようである。

　しかし、一般社団法人投資信託協会（以下「投資信託協会」という。）の規則では、投資信託においてSGX日経225が取引された場合においても、SGXが当営業日の15:30

（日本時間。シンガポール（SG）時間 14:30）に発表する SGX225 先物取引の「清算値段」を利用することについて、妨げられていないものと考えられる（以下「筆者見解」という。）。

（イ）筆者見解
①投資信託の基準価額の連絡・発表

投資信託協会「投資信託の基準価額の連絡、発表等に関する規則」（以下「投信基準価額規則」という。）では、投資信託協会が投資信託受益証券の基準価額を発表するとされ（基準価額規則2条）、投資信託委託会社が基準価額を投資信託協会に連絡するとされている（投信基準価額規則3条1項）。

そして、基準価額の連絡時間については、投信基準価額規則3条1項に基づく「投資信託の基準価額の連絡、発表等に関する規則に関する細則」2条において、「規則第3条第1項に規定する細則で定める基準価額の連絡時間は、当日の午後8時とする。」と定められている。

②投資信託の基準価額の評価

投資信託の基準価額については、「本会に連絡する価額は、投資信託の評価及び計理等に関する規則第52条に基づき算出される基準価額とし、その他の価額は採用しないものとする。」と定められている（投信基準価額規則3条2項）。

投資信託協会「投資信託の評価及び計理等に関する規則」（以下「投信評価規則」という。）52条（基準価格の計算方法）1項では投資信託の基準価額は「計算日」におけるものと定められ、同条3項では「第1項に規定する基準価額の計算に当たり、当該投資信託の組入資産の評価額の計算については、第2編の規定を適用する。」と定められている。

そして、投信評価規則第2編（組入資産の評価）の28条（市場デリバティブ取引の評価等）1項では、「取引所に上場されている市場デリバティブ取引…は、当該取引所が発表する計算日の清算値段又は帳入値段（以下「清算値段等」という。）で評価するものとする。」と定められている[45]。「清算値段」とは、先物取引やオプション取引の値洗いや証拠金の計算などに使われる価格であり、先物取引の清算値段は終値（最終気配

---

[45] 大阪取引所（以下「大証」という。）に上場されている日経225先物取引（以下「JPX日経225」という。）については、大証の発表する「清算値段」が用いられるものと思われる。大証の清算・決済規程6条では、指数先物取引の「清算数値」は、日本証券クリアリング機構（以下「クリアリング機構」という。）が「指数先物取引の清算数値として定める数値」とされている。クリアリング機構の業務方法書73条の21（清算数値）では、「当社は、取引日（指定市場開設者が指定先物取引について定める取引日をいう。…）ごとに、指数先物取引の各限月取引について、当社が定めるところにより、清算数値を定める。」と定められており、クリアリング機構「先物・オプション取引に係る清算値段等の決定方法等」2頁・3頁では、指数先物取引の各限月取引に係る清算値段について、「午後3時から日中立合終了時までの間において立会による取引が成立…した場合」については、「立会による当該限月取引の最終約定値段…」とされている。JPX日経225先物取引の日中立会の取引時間は現状では15:15までであるから、15:15の清算数値で評価されているものと思われる。

値段を含む。）が使用されると解説されている[46]。また、「帳入値段」とは、外国商品先物取引に係る値洗い基準となる値段であると思われる[47]。

　また、投信評価規則 28 条 2 項では、「海外取引所に上場されている外国市場デリバティブ取引…は、当該海外取引所が発表する<u>計算日に知り得る直近の日の清算値段等又は 最終相場で評価するものとする。</u>」と定められています。なお、外国株式の評価については、「外国株式であって本邦以外の外国金融商品市場…に上場されている株式は、原則として海外取引所における計算時に知り得る直近の最終相場で評価するものとする。」と定められている（投信評価規則 15 条 1 項）[48]。

　以上の他は、投信評価規則、「投資信託の評価及び計理等に関する規則に関する細則」及び「投資信託の評価及び計理等に関する委員会決議」には、投資信託の組入資産の評価額の計算時点に係る定めは見当たりません。

(ウ) 検討

　SGX 日経 225 については、SGX が発表する「計算日に知り得る直近の日の清算値段」で評価が可能です（投信評価規則 28 条 2 項）。

　SGX 日経 225 の日中立会は日本時間 15:30（SG 時間 14:30）までであり、SGX が日本時間 15:30（SG 時間 14:30）に発表する SGX 日経 225 に係る「清算値段」は、「計算日に知り得る直近の日の清算値段」に該当するものと思料される。

　したがって、投資信託協会の規則では、SGX が当営業日 15:30（日本時間。SG 時間 14:30）に発表する SGX 日経 225 の「清算値段」を利用することについて、妨げられていないものと思料される（筆者見解）。

（以上）

---

[46] 野村證券 HP における証券用語解説集。

[47] 東京商品取引所 HP における「よくある質問（FAQ）」Q3。

[48] 国内取引所の上場株式の評価については、「原則として当該取引所における計算日の最終相場で評価するものとする」と定められています（投信評価規則 6 条 1 項）。

金融商品取引法研究会名簿

(平成31年1月29日現在)

会　　　長	神作　裕之	東京大学大学院法学政治学研究科教授	
会長代理	弥永　真生	筑波大学ビジネスサイエンス系 　　　　　　ビジネス科学研究科教授	
委　　　員	飯田　秀総	東京大学大学院法学政治学研究科准教授	
〃	大崎　貞和	野村総合研究所未来創発センターフェロー	
〃	尾崎　悠一	首都大学東京大学院法学政治学研究科 　　　　　　法学政治学専攻准教授	
〃	加藤　貴仁	東京大学大学院法学政治学研究科教授	
〃	河村　賢治	立教大学大学院法務研究科教授	
〃	小出　篤	学習院大学法学部教授	
〃	後藤　元	東京大学大学院法学政治学研究科准教授	
〃	武井　一浩	西村あさひ法律事務所パートナー弁護士	
〃	中東　正文	名古屋大学大学院法学研究科教授	
〃	藤田　友敬	東京大学大学院法学政治学研究科教授	
〃	松井　智予	上智大学大学院法学研究科教授	
〃	松井　秀征	立教大学法学部教授	
〃	松尾　健一	大阪大学大学院高等司法研究科准教授	
〃	松尾　直彦	東京大学大学院法学政治学研究科客員教授・弁護士	
〃	宮下　央	ＴＭＩ総合法律事務所弁護士	
オブザーバー	小森　卓郎	金融庁企画市場局市場課長	
〃	岸田　吉史	野村ホールディングスグループ法務部長	
〃	森　忠之	大和証券グループ本社経営企画部担当部長兼法務課長	
〃	鎌塚　正人	ＳＭＢＣ日興証券法務部長	
〃	陶山　健二	みずほ証券法務部長	
〃	本井　孝洋	三菱ＵＦＪモルガン・スタンレー証券法務部長	
〃	山内　公明	日本証券業協会常務執行役自主規制本部長	
〃	島村　昌征	日本証券業協会執行役政策本部共同本部長	
〃	内田　直樹	日本証券業協会自主規制本部自主規制企画部長	
〃	塚﨑　由寛	日本取引所グループ総務部法務グループ課長	
研 究 所	増井　喜一郎	日本証券経済研究所理事長	
〃	大前　忠	日本証券経済研究所常務理事	
〃	土井　俊範	日本証券経済研究所エグゼクティブ・フェロー	

(敬称略)

［参考］　既に公表した「金融商品取引法研究会（証券取引法研究会）研究記録」

第1号「裁判外紛争処理制度の構築と問題点」　　　　　　　2003年11月
　　　　　報告者　森田章同志社大学教授

第2号「システム障害と損失補償問題」　　　　　　　　　　2004年1月
　　　　　報告者　山下友信東京大学教授

第3号「会社法の大改正と証券規制への影響」　　　　　　　2004年3月
　　　　　報告者　前田雅弘京都大学教授

第4号「証券化の進展に伴う諸問題(倒産隔離の明確化等)」　2004年6月
　　　　　報告者　浜田道代名古屋大学教授

第5号「EUにおける資本市場法の統合の動向　　　　　　　2005年7月
　　　　　　―投資商品、証券業務の範囲を中心として―」
　　　　　報告者　神作裕之東京大学教授

第6号「近時の企業情報開示を巡る課題　　　　　　　　　　2005年7月
　　　　　　―実効性確保の観点を中心に―」
　　　　　報告者　山田剛志新潟大学助教授

第7号「プロ・アマ投資者の区分―金融商品・　　　　　　　2005年9月
　　　　　　販売方法等の変化に伴うリテール規制の再編―」
　　　　　報告者　青木浩子千葉大学助教授

第8号「目論見書制度の改革」　　　　　　　　　　　　　　2005年11月
　　　　　報告者　黒沼悦郎早稲田大学教授

第9号「投資サービス法(仮称)について」　　　　　　　　　2005年11月
　　　　　報告者　三井秀範金融庁総務企画局市場課長
　　　　　　　　　松尾直彦金融庁総務企画局
　　　　　　　　　　投資サービス法(仮称)法令準備室長

第10号「委任状勧誘に関する実務上の諸問題　　　　　　　2005年11月
　　　　　　―委任状争奪戦（proxy fight）の文脈を中心に―」
　　　　　報告者　太田洋　西村ときわ法律事務所パートナー・弁護士

第11号「集団投資スキームに関する規制について　　　　　2005年12月
　　　　　　―組合型ファンドを中心に―」
　　　　　報告者　中村聡　森・濱田松本法律事務所パートナー・弁護士

第12号「証券仲介業」　　　　　　　　　　　　　　　　　2006年3月
　　　　　報告者　川口恭弘同志社大学教授

第13号「敵対的買収に関する法規制」　　　　　　　　　　2006年5月
　　　　報告者　中東正文名古屋大学教授

第14号「証券アナリスト規制と強制情報開示・不公正取引規制」　2006年7月
　　　　報告者　戸田暁京都大学助教授

第15号「新会社法のもとでの株式買取請求権制度」　　　　2006年9月
　　　　報告者　藤田友敬東京大学教授

第16号「証券取引法改正に係る政令等について」　　　　　2006年12月
　　　（ＴＯＢ、大量保有報告関係、内部統制報告関係）
　　　　報告者　池田唯一　金融庁総務企画局企業開示課長

第17号「間接保有証券に関するユニドロア条約策定作業の状況」　2007年5月
　　　　報告者　神田秀樹　東京大学大学院法学政治学研究科教授

第18号「金融商品取引法の政令・内閣府令について」　　　2007年6月
　　　　報告者　三井秀範　金融庁総務企画局市場課長

第19号「特定投資家・一般投資家について―自主規制業務を中心に―」　2007年9月
　　　　報告者　青木浩子　千葉大学大学院専門法務研究科教授

第20号「金融商品取引所について」　　　　　　　　　　　2007年10月
　　　　報告者　前田雅弘　京都大学大学院法学研究科教授

第21号「不公正取引について－村上ファンド事件を中心に－」　2008年1月
　　　　報告者　太田洋　西村あさひ法律事務所パートナー・弁護士

第22号「大量保有報告制度」　　　　　　　　　　　　　　2008年3月
　　　　報告者　神作裕之　東京大学大学院法学政治学研究科教授

第23号「開示制度（Ⅰ）―企業再編成に係る開示制度および　2008年4月
　　　　集団投資スキーム持分等の開示制度―」
　　　　報告者　川口恭弘　同志社大学大学院法学研究科教授

第24号「開示制度（Ⅱ）―確認書、内部統制報告書、四半期報告書―」　2008年7月
　　　　報告者　戸田　暁　京都大学大学院法学研究科准教授

第25号「有価証券の範囲」　　　　　　　　　　　　　　　2008年7月
　　　　報告者　藤田友敬　東京大学大学院法学政治学研究科教授

第26号「民事責任規定・エンフォースメント」　　　　　　2008年10月
　　　　報告者　近藤光男　神戸大学大学院法学研究科教授

第27号「金融機関による説明義務・適合性の原則と金融商品販売法」2009年1月
　　　　報告者　山田剛志　新潟大学大学院実務法学研究科准教授

第28号「集団投資スキーム（ファンド）規制」　　　　　　2009年3月
　　　　報告者　中村聡　森・濱田松本法律事務所パートナー・弁護士

第29号「金融商品取引業の業規制」　　　　　　　　　　　2009年4月
　　　　報告者　黒沼悦郎　早稲田大学大学院法務研究科教授

第30号「公開買付け制度」　　　　　　　　　　　　　　　2009年7月
　　　　報告者　中東正文　名古屋大学大学院法学研究科教授

第31号「最近の金融商品取引法の改正について」　　　　　2011年3月
　　　　報告者　藤本拓資　金融庁総務企画局市場課長

第32号「金融商品取引業における利益相反　　　　　　　　2011年6月
　　　　―利益相反管理体制の整備業務を中心として―」
　　　　報告者　神作裕之　東京大学大学院法学政治学研究科教授

第33号「顧客との個別の取引条件における特別の利益提供に関する問題」2011年9月
　　　　報告者　青木浩子　千葉大学大学院専門法務研究科教授
　　　　　　　　松本讓治　ＳＭＢＣ日興証券　法務部長

第34号「ライツ・オファリングの円滑な利用に向けた制度整備と課題」2011年11月
　　　　報告者　前田雅弘　京都大学大学院法学研究科教授

第35号「公開買付規制を巡る近時の諸問題」　　　　　　　2012年2月
　　　　報告者　太田　洋　西村あさひ法律事務所弁護士・ＮＹ州弁護士

第36号「格付会社への規制」　　　　　　　　　　　　　　2012年6月
　　　　報告者　山田剛志　成城大学法学部教授

第37号「金商法第6章の不公正取引規制の体系」　　　　　2012年7月
　　　　報告者　松尾直彦　東京大学大学院法学政治学研究科客員
　　　　　　　　　　　　　教授・西村あさひ法律事務所弁護士

第38号「キャッシュ・アウト法制」　　　　　　　　　　　2012年10月
　　　　報告者　中東正文　名古屋大学大学院法学研究科教授

第39号「デリバティブに関する規制」　　　　　　　　　　2012年11月
　　　　報告者　神田秀樹　東京大学大学院法学政治学研究科教授

第40号「米国JOBS法による証券規制の変革」　　　　　　 2013年1月
　　　　報告者　中村聡　森・濱田松本法律事務所パートナー・弁護士

第41号「金融商品取引法の役員の責任と会社法の役員の責任　2013年3月
　　　　―虚偽記載をめぐる役員の責任を中心に―」
　　　　報告者　近藤光男　神戸大学大学院法学研究科教授

第42号「ドッド＝フランク法における信用リスクの保持ルールについて」2013年4月
　　　　報告者　黒沼悦郎　早稲田大学大学院法務研究科教授

第43号「相場操縦の規制」　　　　　　　　　　　　　　　2013年8月
　　　　報告者　藤田友敬　東京大学大学院法学政治学研究科教授

第44号「法人関係情報」 2013年10月
　　　　　報告者　川口恭弘　同志社大学大学院法学研究科教授
　　　　　　　　　平田公一　日本証券業協会常務執行役

第45号「最近の金融商品取引法の改正について」 2014年6月
　　　　　報告者　藤本拓資　金融庁総務企画局企画課長

第46号「リテール顧客向けデリバティブ関連商品販売における民事責任　2014年9月
　　　　　―「新規な説明義務」を中心として―」
　　　　　報告者　青木浩子　千葉大学大学院専門法務研究科教授

第47号「投資者保護基金制度」 2014年10月
　　　　　報告者　神田秀樹　東京大学大学院法学政治学研究科教授

第48号「市場に対する詐欺に関する米国判例の動向について」 2015年1月
　　　　　報告者　黒沼悦郎　早稲田大学大学院法務研究科教授

第49号「継続開示義務者の範囲―アメリカ法を中心に―」 2015年3月
　　　　　報告者　飯田秀総　神戸大学大学院法学研究科准教授

第50号「証券会社の破綻と投資者保護基金 2015年5月
　　　　　―金融商品取引法と預金保険法の交錯―」
　　　　　報告者　山田剛志　成城大学大学院法学研究科教授

第51号「インサイダー取引規制と自己株式」 2015年7月
　　　　　報告者　前田雅弘　京都大学大学院法学研究科教授

第52号「金商法において利用されない制度と利用される制度の制限」 2015年8月
　　　　　報告者　松尾直彦　東京大学大学院法学政治学研究科
　　　　　　　　　　　　　　客員教授・弁護士

第53号「証券訴訟を巡る近時の諸問題 2015年10月
　　　　　―流通市場において不実開示を行った提出会社の責任を中心に―」
　　　　　報告者　太田　洋　西村あさひ法律事務所パートナー・弁護士

第54号「適合性の原則」 2016年3月
　　　　　報告者　川口恭弘　同志社大学大学院法学研究科教授

第55号「金商法の観点から見たコーポレートガバナンス・コード」 2016年5月
　　　　　報告者　神作裕之　東京大学大学院法学政治学研究科教授

第56号「EUにおける投資型クラウドファンディング規制」 2016年7月
　　　　　報告者　松尾健一　大阪大学大学院法学研究科准教授

第57号「上場会社による種類株式の利用」 2016年9月
　　　　　報告者　加藤貴仁　東京大学大学院法学政治学研究科准教授

第58号「公開買付前置型キャッシュアウトにおける　　　　2016年11月
　　　　価格決定請求と公正な対価」
　　　　　　報告者　藤田友敬　東京大学大学院法学政治学研究科教授

第59号「平成26年会社法改正後のキャッシュ・アウト法制」2017年1月
　　　　　　報告者　中東正文　名古屋大学大学院法学研究科教授

第60号「流通市場の投資家による発行会社に対する証券訴訟の実態」2017年3月
　　　　　　報告者　後藤　元　東京大学大学院法学政治学研究科准教授

第61号「米国における投資助言業者（investment adviser）　2017年5月
　　　　の負う信認義務」
　　　　　　報告者　萬澤陽子　専修大学法学部准教授・当研究所客員研究員

第62号「最近の金融商品取引法の改正について」　　　　　2018年2月
　　　　　　報告者　小森卓郎　金融庁総務企画局市場課長

第63号「監査報告書の見直し」　　　　　　　　　　　　　2018年3月
　　　　　　報告者　弥永真生　筑波大学ビジネスサイエンス系
　　　　　　　　　　　　　　　ビジネス科学研究科教授

第64号「フェア・ディスクロージャー・ルールについて」　2018年6月
　　　　　　報告者　大崎貞和　野村総合研究所未来創発センターフェロー

第65号「外国為替証拠金取引のレバレッジ規制」　　　　　2018年8月
　　　　　　報告者　飯田秀総　東京大学大学院法学政治学研究科准教授

第66号「一般的不公正取引規制に関する一考察」　　　　　2018年12月
　　　　　　報告者　松井秀征　立教大学法学部教授

第67号「仮想通貨・ＩＣＯに関する法規制・自主規制」　　2019年3月
　　　　　　報告者　河村賢治　立教大学大学院法務研究科教授

購入を希望される方は、一般書店または当研究所までお申し込み下さい。
当研究所の出版物案内は研究所のホームページ http://www.jsri.or.jp/ にてご覧いただけます。

金融商品取引法研究会研究記録　第 68 号

投資信託・投資法人関連法制に関する問題意識について

令和元年 5 月 17 日

定価（本体 500 円＋税）

編　者　　金融商品取引法研究会
発行者　　公益財団法人　日本証券経済研究所
　　　　　東京都中央区日本橋 2-11-2
　　　　　〒 103-0027
　　　　　電話　03（6225）2326 代表
　　　　　URL: http://www.jsri.or.jp

ISBN978-4-89032-684-6 C3032 ¥500E